JN042595

悪いことは
なぜ楽しいのか

戸谷洋志 Toya Hiroshi

★——ちくまプリマー新書

459

目次 * Contents

はじめに

私は小学生のころ、父が勤める会社の社宅に住んでいました。そこには、同じ世代の子どもがたくさんいて、よく一緒に遊んでいました。おもちゃやゲームで遊ぶこともあれば、ボールでスポーツをすることもありました。しかし、そうした遊びはだんだん飽きてくるものです。すると遊びは過激になっていきます。スリルを求めるようになるのです。

たとえば、私の家の近くには、大きな公園がありました。そのなかには、関係者しか立ち入ることのできない、小さな建物がありました。いま思うと、たぶん何かを管理するための小屋だったのですが、ほとんどの時間、その施設は無人でした。愚かな小学生だった私たちは、その施設に無断で入り込んだことがあります。もしも大人に見つかったら怒られるに決まっています。それでも、胸を躍らせながら塀を乗り越えていきました。

もちろん、そこで何かを盗んだり、壊したりはしていません。ただ中に入って、「入ってはいけないところに入ってしまった！」という感動をひとしきり味わってから、外に出ただけです。その体験は私にとって愉快でたまらないものでした。もちろんいまは反省しています。当時の関係者の方には申し訳ないとも思っています。すみません。

でも、考えてみると不思議です。いったいその行為の何が楽しかったのでしょうか。施設はとても味気なく、子どもの私をときめかせるようなものは何もありませんでした。そこは、夢の国でもなければ、お菓子の家でもありません。それなのに私は、その空間にいることで、心臓の鼓動が聞こえるほどの興奮を感じました。後から考えてみると、不思議です。

その施設は塀に囲まれていました。それを突破するためには、かなり頑張って壁をよじ登らなければなりませんでした。それを成し遂げた達成感はあったかもしれません。ただ、それがすべてだった、ということはないでしょう。もしもそうであれば、木登りをしても同じ喜びが味わえるはずです。しかし、その施設に侵入している間、私が感じていた喜びは、木登りとはまったく違ったものでした。

もしかしたら、私がそのように胸を躍らせたのは、そこが立ち入り禁止の施設だったからかもしれません。つまり、そこが入ってはいけないところだから、もしも勝手に入ったら大人から怒られる場所だったから、ということです。禁止されていることを、あえて破ってしまったということ、そのことに喜びを感じていたのかもしれません。

そんなことを書くと、私はとんでもない悪人のようです。たしかに、子どものころ、私はよく大人から素行の悪さを怒られました。火遊びをしたり、坂の上から自転車で疾走したり、ペットボトルロケットで学校の三階の窓を割ったりと、いろいろと人に迷惑をかけ、その都度死ぬほど怒られてきました（いまでは本当に反省しています）。

しかし、禁止されていること、やってはいけないとされていることを、あえてやりたいと思ってしまうこと、そしてそれにスリルを感じ、わくわくし、心を躍らせてしまうこと——そうしたことは、誰もが体験することではないでしょうか。要するに、悪いことは楽しいのではないでしょうか。

しかし、それはなぜなのでしょうか。なぜ私たちは、悪いとわかっていることをあえてすることに、楽しさを感じるのでしょうか。そもそも「悪い」こととは何なのでしょうか。そして、それを破ることによって得られる「楽しさ」とは、いったいどのようなものなのでしょうか。

悪いことはなぜ楽しいのか――その問いを手がかりにしながら、「よい」と「悪い」の境界について考えること、それがこの本のテーマです。

こんなことを言うと、もしかしたら多くの方から誤解されてしまうかもしれません。最初に断っておきます。この本は、みなさんに悪い行為を推奨するものではありません。「悪いことは楽しいんだから、みんなで悪いことしようぜ！」と言いたいのではありません。

この本が明らかにしたいと考えているのは、私たちにとって悪いことが楽しいと感じられる、その理由です。私は、人間関係や社会のあり方を考えるうえで、この問題がとても重要であると考えています。その理由は、大きく分けて、三つあります。

第一に、「悪い」ことがなぜ楽しいのか、ということを理解できなければ、それを避けることもできないからです。悪いことを避けるためには、悪いことが楽しいということを認め、その理由を理解するべきなのです。このことは、たとえば、ドラッグを避けるためには、ドラッグについて知らなければならない、ということにも似ています。ドラッグは人間にとって有害なものですが、しかし快楽を与えます。快楽からは、その人体への有害さは――少なくとも快楽を味わっている間は――わかりません。だからこそ、有害であるにもかかわらず快楽を与える、という客観的な知識が、ドラッグで人生を滅《め》茶《ちゃく》苦《ちゃ》茶にしないために、必要不可欠です。悪いことがなぜ楽しいのかを考えなければならない理由も、それと同じです。

第二に、私たちにとって楽しいことが、「悪い」と評価されるとき、なぜそのように評価されるのか、その根拠がどこにあるのかを考える必要があるからです。楽しいものは、私たちにとって望ましいものであるように思えます。それがなぜか大人たちから「悪い」と評価され、私たちから遠ざけられてしまうこともあります。しかし、その評価が正しいという保証はありません。もしかしたら、その評価は間違ったものであり、大人たちは私たちにとって望ましいものを、自分の都合で遠ざけているのかもしれません。

このことは、「悪い」ことを避けるべきである、ということを否定しているわけではありません。そうではなく、なぜ私たちの楽しい行為が、避けるべき「悪い」行為として扱われるのか、と問うているのです。そしてそれが明らかにされなければ、私たちは大人から不当に評価されたり、管理されたりすることになるかもしれないのです。

第三に、「悪い」ことについて考えることは、結果的に「よい」ことについても考えることになるからです。「悪い」ことが楽しいのなら、「よい」ことは楽しくないかもしれません。単に楽しくないだけなら、特に問題はないでしょう。しかしそれが、「楽しくない」だけではなく、「苦しい」だったり「辛《つら》い」だったりするなら、話が変わってきます。私たちは、善良さのために、あるいは正義のために、人を苦しめたり、傷つけたりしてもよいのでしょうか。これもまた、しっかりと考えるべき問題です。

そういうわけですから、この本は決して、みなさんを悪の道に進ませようとしているものではありません。あるいは反対に、「こういうふうに行為することは悪いことだからやめよう」といった、お説教をしたいわけでもありません。そうではなく、私たちにとって本当に「悪い」ことを見定め、そして「悪い」ことに誘惑されてしまう人間の弱さを受け入れながら、よりベターな生き方がどのようなものかを考える手がかりを提供すること、それがこの本が目指していることです。

さて、こうしたテーマは、学問的には倫理学と呼ばれる領域に属します。

倫理学と聞くと、いかにも説教くさく堅苦しいものを想像されるかもしれません。堅苦しいことは、正直否定できないのですが、しかし倫理学は必ずしも説教くさいものではありません。なぜなら倫理学は、私たちが「当たり前」だと思っている価値観を問い直し、それに揺さぶりをかけるものだからです。

たとえば私たちは、人に嘘《うそ》をついてはいけない、ということを「当たり前」だと思っていますし、嘘は「悪い」ことだと認識しています。物事の判断はまずそれを前提にして行われます。たとえばある状況のなかで誰かが嘘をついたとき、その嘘はやむを得ないものだったのか、それともやはり非難されるべきものだったのかが問われます。しかしこのとき、そもそも「人に嘘をついてはいけない」という「当たり前」が問い直されることはありません。それがすべての判断の出発点になるからです。

しかし、そもそもなぜ人に嘘をついてはいけないのでしょうか。実はこれは、本気で答えようとするとかなり難しい問題です。「人に嘘をついてはいけない」を「当たり前」だと思っている人の多くは、おそらく、この問題に答えることができません。そうだとすると、人々は自分でもなぜそれが正しいのかわからない常識を信じて、物事を判断している、場合によっては人に説教している、ということになります。

このような問題にメスを入れ、できるだけ人々が納得できる答えを出そうとする学問が、倫理学に他なりません。

この本では、倫理学において問われるさまざまな問題を、「悪いことはなぜ楽しいのか」という観点から、一つ一つ紹介し、考察していきます。その意味では、この本は倫理学の入門書として読むことができるでしょう。しかし、ふつうの入門書とは違うところもあります。ふつうそうした本では、善や正義といった、プラスの価値をもった概念が中心的に紹介されます。それに対してこの本は、あくまでも「悪いこと」に注目し、しかもそれが「楽しい」という認識から出発しているのです。これは倫理学の入門書としては、王道の反対を行くアプローチになるでしょう。

でも、だからこそ、この本は倫理学の核心に近づくことができると考えています。たとえば、住宅でたとえるなら、ふつうの倫理学の入門書が玄関から入ろうとするのに対して、この本は裏の勝手口から入ろうとするのです。お客さんが来るとなれば、誰でも玄関は綺麗《きれい》に取り繕うことができます。見せたくないものは、勝手口の方に追いやられます。しかし、そのように人目のつかないところに隠されるものにこそ、その家の本当の生活が垣間見《かいまみ》えるものではないでしょうか。この本が明らかにしようとしているものは、ありふれた倫理学の入門書では隠され、脇に追いやられているにもかかわらず、実はその実態をありありと暴露しているようなもの、そうしたリアリティをもった問題なのです。

最後に、一つだけ。

「当たり前」を問い直す、ということは、その問いの答えを「当たり前」なことで説明することができない、ということを意味します。常識を疑っているときに、常識から答えを導きだすことはできません。倫理学の議論は、そうした正解のなさ、答えのなさに必ず直面します。きっとみなさんも、この本を読みながら、「それで結論は何なんだよ」と思うことが、一度ならずあると思います。

倫理学は、そもそも答えのない学問だ、と言い切ってしまうこともできます。でも、そうすると「何を言ってもオッケー」という、極端な発想に陥ってしまうことになります。それこそ、「悪いことは楽しいんだから、悪いことしまくればいいじゃん」という、受け入れがたい結論に至ってしまうかもしれません。

それを避けるためには、何をもって正しいと見なすのか、その判断の基準を、常識とは別のところに設定する必要があります。そうした判断の基準、いわばリトマス試験紙のような拠《よ》り所《どころ》として、みなさんに覚えておいてほしいことが、二つあります。

一つは、みなさん自身がその議論に納得できるか、ということです。偉い先生が正しいと言っているとか、常識で正しいとされていることが、常に正しいとは限りません。自分で考え、自分が正しいと納得できることだけが正しい、まずそのように考えてほしいです。

そしてもう一つは、みなさん自身が、自分が正しいと思っていることを、周りの人が納得できるように説明できるか、ということです。自分が納得していても、周りの人を納得させられないのであれば、そこには何か齟齬《そご》が起きているはずです。もしもうまく説明できないなら、もしかしたら自分がわかったと思い込んでいるだけで、本当はわかっていない部分があるのかもしれません。そうしたとき、自分は何かを誤解しているのではないか、あるいは何かを見過ごしているのではないか、と、改めて考え直してみてください。

この二つの指針をもっても、絶対的な答えにたどり着けるかどうかはわかりません。しかし、少なくとも答えに対して接近することはできるでしょう。あるいは、たとえそれが難しくても、ひどい誤解から遠ざかることはできるはずです。

前置きが長くなりました。そろそろ、この本の内容に入っていきましょう。

倫理学の「勝手口」へ、ようこそ。

第一章　自己チューなのはなぜ楽しいのか

今となっては死語ですが、かつて、「自己チュー」という言葉が流行したことがありました。「自己中心的」という言葉の略であり、いつも自分のことばかり考えている人のことです（以降は漢字で自己中と書くことにします）。

自己中な人は楽しそうです。何をするにも自分が最優先。周りのことなんか気にしない。そうした人に限って、いつもニコニコしていて、よく笑っているものではないでしょうか。

でも、その人に振り回される周りの人にとっては、たまったものではありません。みんなイライラしはじめ、気がついたら険悪なムードになることも、よくありますよね。そして自己中な人は、たいていの場合、そうした空気の変化に気づきません。まったく羨ましい限りです。

自己中という言葉は、基本的にはネガティブな意味で使われます。つまりそれは、暗に悪いことであることを表しています。では、自己中のいったい何が悪いのでしょうか。また、そうであるにもかかわらず自己中な人が楽しそうなのは、いったいなぜなのでしょうか。

この章ではそうした問題について考えてみましょう。

勝手にハモらないでくれ！

カラオケは人間の本性が現れる怖い場所です。みなさんも友達と行ったときには十分に気をつけてください。楽しく歌って盛り上がる分には問題ありません。でも、一歩間違えると、周りから白い目で見られてしまうかもしれません。

私が遭遇したことのある例を紹介しましょう。ある日、友達とカラオケに行った私は、そこで自分の十八番とも言うべき曲を入力しました。前奏が流れ、昂《たか》ぶる気持ちを抑えながらマイクを握り、歌い始めました。ところが、途中から友達が横から割り込んできて、勝手にハモり始めたのです。私はそんな話聞いていません。しかもぶっちゃけそのハモりがそんなに上手《うま》くないのです。ただ、だからといって「やめろ」とも言えません。私は結局、そのまま最後まで歌い続けることになったのですが、下手なハモりに邪魔されてうまく音程を取れず、気持ちよく歌えませんでした。いま思い出しても腹が立ちます。

では、なんでその友達は、勝手にハモってきたのでしょうか。たぶん、それは私のためではありません。そうではなく、その友達自身が、気持ちよく歌いたくなってしまったからです（実際めちゃくちゃ気持ちよさそうでした）。つまりその友達は、自分自身の快楽のために、私にとっては不快な行動をとってしまったわけです。

この友達は、紛れもなく、「自己中」だと言うことができるでしょう。なぜなら、この友達は自分の快楽を中心に考えて行動しているからです。何かを中心に置くということは、別の何かを遠ざけるということを意味します。つまり自己中な人は、自分と引き換えに他者――この場合には私――のことを遠ざけ、配慮しようとしなくなってしまうのです。だから自己中は周りの人々から白い目で見られます。

カラオケの自己中行為は他にもいろいろあります。一度マイクを握ったら離さない。歌いながら端末を操作して自分の曲を次々と入力する。注文した唐揚げに勝手にレモンをかける。歌っている人一人を取り残して全員でトイレに行く。歌っている人がいる傍らで大きな声で会話する――あれ、もしかしたら私の心が狭いだけかもしれません。

いずれにせよ、私たちはこうした自己中な行為を、よくないことだと見なしています。しかし人々は自己中になってしまう。そして自己中な人はとても楽しそう。それはなぜなのでしょうか。

自己中とは自分を中心に置くことです。しかし、程度の差はあれ、人間は誰であっても自分を中心にして生きています。自分の人生の主人公は自分であり、自分が楽しいと思うこと、自分にとって価値があることを追い求める――それはごく自然な発想です。それの何がいけないのでしょうか。

考えてみれば、このことは、あらゆる生物に共通する性格であるようにも思えます。

どんな生物だって自分の存在を第一に考えています。生きるために食べ、自分の縄張りを作り、場合によっては外敵と戦うのです。そうした生物の行動はすべてが自己中です。言い換えるなら、自己中とは生物の本能のようなものなのです。

そうだとしたら、自己中がなぜ楽しいのかは、実はとても単純な理由で説明できるのかもしれません。すなわち、それが生物の本能だから、ということです。

平等の弊害

倫理学の世界では、自己中はエゴイズムと呼ばれる概念で説明することができます。「エゴ」とは「自我」を指す言葉です。常に自分を中心に考え、他者よりも自分を優先させること――それがエゴイズムの基本的な考え方です。

生物の本能はエゴイズムである――たしかにそうかもしれません。しかし、それなら、そこからは次のような別の疑問が立ち現れてきます。もしもそれが本能であるなら、なぜ私たちはそれを悪いものだと認識しているのでしょうか。

近世イギリスの哲学者であるトマス・ホッブズは、人間の本質をエゴイズムのうちに見いだしました。どんな人間だって自分が一番大事なのです。しかし、前述の通り、そんなことを言っていたら、善悪などという概念は説明できないようにも思えます。ところがホッブズは、このエゴイズムこそが、人間の倫理の基礎にあるのだ、と訴えます。

なぜ彼はそのように考えたのでしょうか。その思考を探るうえで鍵になるのは、彼が人間を、あくまでも生まれながらに平等な存在である、と考えたことです。

ただし、ここでいう「平等」とは、「平等な権利を持っている」ということではありません。「同じくらいの力を持っている」ということです。たとえば人間の身長は、どの人も、だいたい同じくらいです。もちろん、世の中には身長が高い人もいれば、低い人もいます。しかし、そうした個体差は大した違いではありません。たとえば身長に一〇倍の開きがあるということはありません。どんな人間だって、二メートル強以下の身長に収まっているのであり、その意味では、だいたい同じくらいの身長なのです。

知性についても同様のことが言えます。ＩＱには高低差があります。しかし、それも知性の違いとしては、誤差のようなものです。コミュニケーションを取ったり、計算したりするということは、概《おおむ》ね誰にでもできます。ハサミを使って思った形に紙を切る、鉛筆で絵を描く、ということも、ほとんどすべての人が可能です。

このように、すべての人間が平等――つまり同じくらいの力を持っている――ということは、そこに、絶対的な強者や絶対的な弱者が存在しない、ということを意味します。つまり、人々が互いに争い合ったら、戦いが拮抗《きっこう》してしまい、常に勝ち続けるなんて誰にもできない、ということです。

もちろん、格闘技のようなルールのもとで戦ったら、話は別です。私は、リングの上では逆立ちしたってプロボクサーに敵《かな》いません。しかし、そうしたルールなしで戦うなら、私にも十分な勝機があります。そのボクサーの通り道に落とし穴を作ったり、料理に毒を盛ったりすればよいからです。

体力が劣っていれば知力で補うことができます。それも含めて、人間の能力は平等なのです。各自が工夫すれば自分よりも能力の優れた人を倒すことができます。だからこそ、プロボクサーだって、ボディガードをつけたり、セキュリティ対策のされたマンションに住んだりするわけです。

かつて、昭和の大スターとして知られたプロレスラー、力道山という人がいました。彼は、日本の「強さ」を象徴する存在でしたが、街のチンピラに刺されて死んでしまいました。もしもリングの上で戦ったら、力道山はそのチンピラを簡単に倒すことができたでしょう。しかし、路上でそうならなかったのは、チンピラが包丁という武器を使ったから、つまり力道山よりも劣っているだろう自分の体力を、道具によって、知性によって補ったからです。

このように、どれだけ体力に優れた人でも、あるいは知性に優れた人でも、状況によっては誰かに殺されてしまうかもしれません。ところが、誰もが平等であるということは、別の困った問題を引き起こしてしまいます。それは、誰もが同じような存在だからこそ、同時に誰もが同じようなものを求める、ということです。人間は、だいたいみんな同じような身体の作りをしているからこそ、同じような食べ物を欲するし、同じような住環境を欲するのです。しかし、食べ物や住環境は、無限に存在するわけではありません。するとどうなるでしょうか。当然のことながら、限られた資源の奪い合いが起きてしまいます。

万人の万人に対する闘争

限られた資源を奪い合う人間同士は、しかし、ほとんど等しい力を持っています。したがってその奪い合いは、明確な勝ち負けのつくことのない、終わりのない戦いへと発展していきます。しかもその戦いは、「私」と同じ資源を求める者との戦いであり、したがってすべての人間に対する戦いの様相を呈するのです。ホッブズは、この状態を「万人の万人に対する闘争」と呼びました。

そんなことはオーバーだ、と思われるでしょうか。いえいえ、たぶんそんなことありません。たとえば次のような状況を想像してみてください。

あなたは船で旅をしています。その船には一〇〇人の乗客が乗っていました。ある時、その船は高波にさらわれて難破し、あなたたち乗客は近くの無人島へと漂着しました。その無人島の中央には、小さな池があり、それが唯一の飲み水です。さてこのあと、この無人島では何が起こるでしょうか。

ホッブズの想定に従うなら、戦いが始まります。誰かが「この水はおれのものだ！」と叫んだ瞬間に、戦いの幕が切って落とされるわけです。最初に独り占めしようとした人は、他の人によって殺されるかもしれません。しかし、その他の人だって、決して安心はできません。なんといってもそこには、あなたを含めて一〇〇人の人間がいるからであり、そして誰もがその水を求めているからです。

この島に居続けることが、いかに危険であるかは、想像に難くありません。そしてその危険は、単に飲み物を確保できないかもしれない、ということではなく、他の漂流者によって殺されるかもしれない、ということに由来するのです。もしかしたら、漂流者のなかには、自分以外のすべての人間を殺せば、自分が飲み水を独占できる、とよからぬ考えを抱く人が現れるかもしれません。そうなれば、あなたは飲み水を心配するだけではなく、他の漂流者に対する身の安全についても心配しなければならなくなります。

他の漂流者に対して、身の安全を確保するために、最善の手段は何でしょうか。おそらくそれは、先手を打って相手を攻撃することです。たとえば、自分以外のすべての漂流者を殺してしまえば、もっとも確実に自分の安全を確保することができます。論理的に考えれば、それが最善の答えです。ところが、問題は、すべての人が同じようにそう考える、ということです。つまり、あなただけではなく、その島のすべての漂流者が、先手を打って他の漂流者を攻撃しよう、と考えるようになるのです。

ホッブズは、万人の万人に対する闘争は、ひとたび始まってしまうと、猜疑心《さいぎしん》によって全面的な戦争へと発展する、と考えました。つまりその状況では、すべての人が、問題が発生するよりも前に、先手を打って互いを殺そうとするのです。

あなたは、もはや、飲み物を心配して他の漂流者と争うわけではありません。他の漂流者から殺されないために、殺し合いに巻き込まれてしまうのです。その先に待っている全面的な戦争が、どんな悲惨な結末に至るのか、想像するのも恐ろしいです。

リヴァイアサンとしての権力

このように、すべての人が自己中だと、人々は争い合い、事態は殺し合いへと発展してしまいます。しかし、その結果として自分の身に危害が及ぶなら、元も子もありません。自己中は生物の本能です。だとしたらそれは生存を目的にしたものだったはずです。それなのに、その自己中によってかえって生存が危ぶまれることになるなら、おかしな話です。

この問題はどのように解決されるべきなのでしょうか。みんなが殺し合って全滅する以外に、いったいどんな対処法があるでしょうか。

これに対してホッブズは次のようなアイディアを考えました。すなわち、すべての人が従うべき絶対の権力を打ち立て、その権力に対して完全に服従し、その代わりに自分の生命を守ってもらう、ということです。

たとえば先ほどの無人島の例で考えてみましょう。飲み水をめぐって争い合っていた人々の間に、ある日、突如次のように提案する人が現れます。「もうこんな不毛な争いはやめよう。みんなでルールを決めて、そのルールに従って順番に水を飲んで良いことにしよう。もしもそのルールを破る人がいたら、全員でその人を罰することにしよう。お互いを憎しみ合うことはやめて、全員が生き残れるように、協力しよう」。

島でのバトルロワイヤルに疲れたあなたは、きっとこの提案に賛同するでしょう。どう考えてもそれが合理的です。しかし、それは自己中を部分的に放棄することを意味します。この提案に従ってしまったら、もう自分が飲みたいときに水を飲むことはできなくなるからです。それでもあなたにとって、この提案は魅力的に見えるはずです。なぜなら、ルールに従ってさえいれば、自分の生命の安全を確保してもらうことができるからです。

ホッブズによれば、人類の歴史において出現してきた権力は、すべて、こうしたプロセスのなかで自然に発生してきました。たとえば、村の首長や、国家の王の権力も、同じような過程を経て生まれてきたのです。

権力は、決して神から与えられたものではなく、人々が合理的に生き残ろうとした結果、必然的に出現してきたものである——彼はそうした権力のあり方を「リヴァイアサン」と表現します。リヴァイアサンとは、『旧約聖書』に登場する海の怪物ですが、それは、たくさんの互いに協力する人々による、束ねられた力を表しています。

前述の通り、人間は対等な力を持つからこそ、殺し合ってしまうのです。そうであるとしたら、圧倒的な力を持った存在が出現すれば、ゲームバランスが崩壊し、戦争状態はストップすることになります。そうした圧倒的な力こそがリヴァイアサンとしての権力なのです。

こうした議論によって、ホッブズはなぜ人間が自らエゴイズムを制限し、ルールを守り、他者と協力できるようになるのかを説明しました。ただし、ここで注意が必要です。権力に服従した人間は、決して、エゴイズムそのものを放棄したわけではありません。むしろ、エゴイズムに駆られているからこそ、権力に服従しているのです。なぜなら、服従する理由は、何よりもまず自分の生命を確保することにあるからです。人間がルールを守って他者に協力するのは、そうすることが自分にとってもっとも利益があるからでしかありません。

こうしたホッブズの議論は、「社会契約論」と呼ばれ、人間がいかにして社会を形成したのかを説明する理論として、歴史的に極めて大きな影響を与えました。もっとも、彼の考えにはいろいろと問題があり、その後の思想家たちによって様々な修正が施されます。しかし、人間の本質をエゴイズムのうちに見定める現実主義的な視点を保ちつつ、そこからどのようにして倫理が立ち現れてくるのかを説明できる点で、非常に優れた考え方です。

自己中がそれ自体で悪ではない

ホッブズの思想の長所の一つは、自己中がそれ自体で悪ではない、と考えることができる点です。もし、自己中そのものを悪だと見なしてしまったら、生物の本能は自己中なのだから、生きること自体が悪である、という極端な思想へと陥りかねません。

自己中そのものを悪とすることが、私たちにとってどんな意味をもつのか――それを問うた作品として、宮沢賢治の『よだかの星』があります。主人公である鳥のよだかは、毎日虫を食べて生きています。モデルとなっている現実の鳥類としてのヨタカは、口を開けたまま空を飛び、口の中に飛び込んできた虫をそのまま食べる、という習性があるそうです。この作品のなかのよだかも同じようにして生活しています。

よだかは鷹《たか》からイジメられていました。ある日、鷹は、よだかが自分と似た名前であることに腹を立て、「市蔵」という名前をよだかに押し付けようとします。そして、改名しないなら殺すと脅迫します。鷹はまったくの自己中です。しかし、鷹と戦っても、よだかに勝ち目はありません。

その日もよだかは虫を食べていました。彼は自分が虫を食べていることに対して無自覚でした。それは、日々の営みのなかで当たり前のように繰り返されることであり、特に意識する必要のない些細《ささい》なことでした。しかし、突如として、自分の口のなかで殺される虫の存在を意識するようになってしまいます。そしてその瞬間に、非常に強烈な絶望感に襲われてしまうのです。彼は次のように言います。

ああ、かぶとむしや、たくさんの羽虫が、毎晩僕に殺される。そしてそのただ一つの僕がこんどは鷹に殺される。それがこんなにつらいのだ。ああ、つらい、つらい。僕はもう虫をたべないで餓えて死のう。いやその前にもう鷹が僕を殺すだろう。いや、その前に、僕は遠くの遠くの空の向うに行ってしまおう。

こうしてよだかは、自分の住処《すみか》を離れ、太陽へと昇っていき、燃えてしまいます。ここには、宮沢賢治に特有の、仏教的な世界観が現れていると言われます。よだかが絶望したのは、自分が虫を殺していることへの罪悪感でもなければ、自分が鷹に殺されることへの恐怖でもありません。むしろ彼は、どんな生物もエゴイズムを本能としており、他者に対して暴力を振るうのであり、そして自分もその輪の中に組み込まれ、そこから逃れられないことに絶望したのです。だからこそよだかは、生物であることをやめることで、この暴力の連鎖から脱出することを試みました。もっともそれは、この作品のなかでは、自殺を指すわけではありません。よだかが何を試みたのか。それは、実際に作品を読んでみてください。

とはいえ、自己中をそれ自体で悪だと見なしてしまうと、それは生存すること自体を悪とする発想へと、どうしても行きつきます。なぜなら生物は、自分以外の生物に暴力を振るわない限りは、生き残ることができないからです。私たちは、見かけの上では他者と協力しているように見えても、実際には、自分の目の前にいない人を搾取していますし、あるいは人間以外の動物を殺して食べています。そこには明らかな自己中の暴力が発露しているはずです。もしも自己中がそれ自体で悪なら、そんなことをすべてやめなければなりません。しかし、それは生きるのをやめることに等しいのです。

実際には、こうした思想こそが正しい、と見なす立場もありえます。しかし、善悪の観念が社会契約によって生まれてきた、と考えるホッブズの思想に従うなら、そうした結論はやはり極端だということになるでしょう。私たちは、自己中だからこそ、他者に協力することができるのであって、自己中そのものは善でも悪でもないのです。

カラオケにおけるエゴイズム

カラオケで自己中な人について、改めて考えてみましょう。

なぜ、勝手にハモってくる人は楽しそうなのでしょうか。それは、その人が自分の快楽だけを考え、他者――この場合には私――の迷惑を考えない、エゴイズムに基づいて行動しているからであり、そしてエゴイズムは人間の本能だからです。

では、なぜ私たちはそうした自己中な人を迷惑だと思うのでしょうか。私たちは誰でもエゴイズムを抱えています。自己中を批判しているつもりでも、自分だって心の底では自己中です。でもそれを行動には出さず、表面的には他者と協力しようとしているわけです。なぜなら、他者と協力し、みんなでルールに従っている方が、自分が安全だからです。

たとえば私は、他者がどれだけ自分の十八番を歌っていても、横からマイクを奪い取ったり、突然一緒に歌いだしたりはしません。どれだけむずむずしても、です。でも、なぜそうしないのかと言えば、それは同じことを他者からされたくないからです。みんなが他者のことを考えずに、自分の好きなときに歌おうとすれば、マイクの取り合いになり、かえって自分の好きな歌を歌うこともできなくなります。カラオケを楽しむためには秩序が必要です。そうした秩序は、一人一人が「歌いたい」という自分の衝動を抑制し、明文化されていなくとも共有されているルールに従うことで、初めて実現されるのです。そのとき、カラオケの秩序は一つのリヴァイアサンとなり、絶対の権力として出現するのです。

自己中な人はこの権力に反逆しています。みんなが我慢していることを、自分だけ我慢しようとしないのです。だからそれは間違ったことであり、権力に服従している人々は、自己中を悪として批判します。そうしたことを繰り返す人は、もしかしたらカラオケに誘われなくなり、友達の輪からも追放されてしまうかもしれません。

もっとも、このことは、自己中を批判する側は自己中ではない、ということを意味するわけではありません。それがホッブズの思想の鋭いところです。カラオケのルールに従っている人は、そのルールを破る人と同じように、自己中です。なぜならルールを守るのは、自分が歌う機会を確実に確保したいからであり、その点では、ルールを破る人よりもはるかに歌への欲求が強い、とさえ考えることができます。唯一、両者の間で異なるのは、ルールを守る自己中な人は、ルールを守らない自己中な人よりも、合理的だということです。賢く考えるなら、他者と協力した方が、自分の利益を追求することができる――それが、私たちの社会の本質だと、ホッブズは指摘するのです。

ところで、人間の本能はエゴイズムだと言いましたが、人間の行動をそれだけで説明することはできません。エゴイズムは自分の快楽を求めることですが、反対に、人間には他者の苦痛を求めて行動することがあります。もちろん、他者がどこかで苦痛に苛《さいな》まれたとしても、それは私たち自身の生存には影響しません。少なくとも、生物学的な意味での本能に、そうしたものは含まれないでしょう。しかし、そうであるにもかかわらず、私たちのなかにはそうした行為を「楽しい」と思う人もいます。

自己中が生物の本能に属するからこそ「楽しい」のだとしたら、他者の苦痛を求めることは、別の理由によるものでしょう。では、いったいそれは何なのでしょうか？

この問題を、次章では考えてみましょう。

第二章　意地悪はなぜ楽しいのか

私たちは第一章で、エゴイズムの問題を考えました。簡単に言えば、それは、自分を世界の中心に置き、自分の快楽を追い求めることです。あらゆる生物がエゴイズムを持っています。人間もその例外ではありません。

ところが、人間はこれとまったく異なる欲求を抱くことがあります。それは、自分の快楽を求めるのではなく、まったく反対に、他者の苦痛を求めるという欲求です。つまり、他者が苦しんでいるところを見て喜ぼうとする気持ちです。

そんな人がいるなんて信じられない、自分にはそんな欲求はまったくない、と思いましたか？　でも、自分の胸に手を当てて、よく考えてみてください。本当にそうだと言い切れるでしょうか。

私はお説教したいのではありません。悪いことに楽しさを感じてしまうのだとしても、それは事実だから仕方ないのです。問題はそうした自分をどうコントロールするかであり、そのためには自分を知らなければいけません。それに対して、自分にそんな意地悪なところはない！　と思い込んでしまうと、かえって意地悪な自分をコントロールできなくなるかもしれません。

そういうわけでこの章で、自分自身のなかに潜む意地悪な側面に、目を向けてみましょう。

魔王には「ぐおおおおおお」と言ってほしい

突然ですが、あなたはゲームが好きですか。私は子どもの頃、よく友達とゲームで遊んでいました。コントローラーをバッグに入れて友達の家に集まり、みんなで大騒ぎしながらプレイしたものです。

最近では、協力して敵を倒すタイプのゲームが流行《はや》っています。そうしたゲームで一番盛り上がるのは、何と言っても、友達と一緒に強敵を倒したときでしょう。「ぐおおおおおお」と言いながら消滅する魔王を眺め、友達とともに雄叫《おたけ》びを上げる。そのときの爽快感はたまりません。

そういうとき、魔王にはやはり悶絶《もんぜつ》してほしいものです。これまで散々こちらを苦しめていた魔王が、一言も発さず、安らかに息を引き取ってしまったら、はっきり言って物足りません。せめて悲鳴くらいは聞かせてほしいですよね。

もちろん、あまりにも残酷な描写になってしまうと、こちらが引いてしまうこともあるでしょう。だから加減が難しいところです。ある種のゲームには、それが強い暴力描写を含むということが、パッケージに記載されていることもあります。

なぜ、暴力描写の強いゲームには年齢制限がかかるのでしょうか。それは子どもに対してよくない影響があると考えられるからでしょう。では、その影響とはどのようなものでしょうか。私が考えるに、おそらくそれは、子どもが他者の苦しんでいる様子を見て喜ぶような性格になってしまう、ということではないでしょうか。

たとえば、倒された魔王が「ぐおおおおおお」と悶絶しているとき、その魔王は苦しんでいます。もしも、安らかに息を引き取るだけでは物足りない、と思うなら、そのとき私たちは、魔王が苦しんでくれないと満足できない、苦しんでいてほしい、と思っていることになります。要するに魔王が苦しむことを望んでいるのです。

もちろん、その欲求がゲームのなかだけに留《とど》まっているのなら、なにも問題はありません。しかし、それがエスカレートし、現実の世界でも同じような欲求を抱いてしまったら、これは大問題です。他者が苦しむことに快感を得てしまうのだから、そうした人は、暴力を振るったり、いじめを働いたりするかもしれません。

私は、暴力的なゲームが必ず人間を暴力的にする、と言いたいわけではありません。そうではなく、現実の世界ではとても許されないような暴力への欲求が――すなわち他者の苦しみへの欲求が、ゲームの世界には存在する、ということを、ここで考えてみたいのです。

もっとも、すべての人にそうした欲求があるとは思えません。世の中には、魔王の「ぐおおおおおお」にすら耐えられない人もいるでしょう。ただ、これだけ暴力的なゲームが世の中に流通していることを考えれば、かなり多くの人の心のなかに他者の苦痛への欲求があると考えても、不思議ではないのではないでしょうか。

なぜ人は悪意を抱くのか

魔王の「ぐおおおおおおお」への欲求は、私たちが第一章で考えた、エゴイズムではうまく説明できません。なぜなら、魔王が悶絶すること自体は「私」に対して何も利益をもたらさないからです。そのゲームのなかでは、魔王が悶絶して死んでも、安らかに死んでも、結果は同じです。悶絶を求める人は、自分の利益を求めているのではなく、あくまでも他者の苦しみを求めているのです。

ではこの欲求をどのように説明したらよいのでしょうか。こうした問題を考えるのに有効な手がかりを示しているのが、近代ドイツの哲学者、ショーペンハウアーです。彼は、私たちが魔王に対して抱くような衝動を「悪意」と呼び、エゴイズムから区別したのです。

ショーペンハウアーの定義によれば、エゴイズムが自己の快楽を求めることであるのに対して、悪意は他者の苦痛を求めることです。何の利益にもならないにもかかわらず、人間が他者を苦しめたいと思うのは、悪意の衝動に駆られているからです。そしてそれはエゴイズムとは本来関係のない概念である、と彼は考えます。

ホッブズと同様に、ショーペンハウアーもまた、あらゆる生物がエゴイズムを持つと考えました。エゴイズムは、私たちが生きるためには仕方のないものです。ところが悪意は、少なくとも生きる上ではまったく必要のないものです。エゴイズムなしに生きることは不可能ですが、悪意なしに生きることは可能です。したがって、エゴイズムは動物的ですが、悪意は悪魔的である、と彼は表現します。その意味において、悪意はエゴイズムよりもより悪いことなのです。

では、どのようにして人間の心に悪意が宿るのでしょうか。ショーペンハウアーは、大変身も蓋もない回答を示しています。すなわちそれは、本人の性格に由来するものである、というのです。

人間には誰しも生まれもった性格というものが存在します。それは、私たちに与えられた身体がそうであるように、自分で選ぶことはできないし、そっくり交換することもできません。そうした性格によって、エゴイズムがどれくらい強いか、悪意がどれくらい強いかも決まってくるのです。

では、生まれつき悪意が強い人はどうしたらいいのでしょうか。ショーペンハウアーによれば、性格そのものは、後から変えることができません。つまり、悪意を持って生まれてきた人は、死ぬまで一生悪意を持って生きるのであり、どれだけ周りが説得したところで、自分の性格を刷新することはできないのです。

ここに、ショーペンハウアーの倫理学の特徴があります。彼は、道徳的な行為は本人が自由に選べるものではなく、その人の性格によって制約されている、と考えるのです。

ずいぶん悲観的だと思いましたか。その通り、彼はしばしば、西洋哲学史における悲観主義（ペシミズム）の親玉として紹介されます。どうやったって人間は変わらない――そういう、ちょっと悲しい考え方をした人なのです。

さまざまな悪意

悪意は他者の苦痛を求めることである――それがショーペンハウアーの考えです。ただし彼は、そこにはさまざまな段階が、つまりグラデーションがあると述べています。

まず、もっともレベルが低いのは、ただ頭の中で想像されるだけの悪意です。「あー、ぎゃふんと言わせてやりたいな」と思う気持ちです。その程度であれば、私もよく思ってしまいます。たとえば学会で議論をしていて、すごく意地悪な質問をされたときです。すると、ただ普通に答えるだけではなく、相手が意地悪な質問をしたことを後悔させるくらいに、意地悪な反論を返したくなるのです。もちろん、そんなことをしてもトラブルになるだけですし、文字通り、自分には何の利益もありませんので、実行には移しません。

ショーペンハウアーは、通常、そうした悪意は理性によって押し留められ、表には出てこないと考えました。ところが、日常のいたるところに潜んでいる、制御の難しい悪意もあります。それが、嫉妬です。

嫉妬は、自分にないもの、自分より優れたものを持っている人を、羨む気持ちです。もっとも、ただ羨ましいと思っているだけなら、それは何も問題ではありません。嫉妬する人は、羨ましいと思う人と自分を比較し、自分が何かに欠けていたり、相手よりも劣っていたりすることは、不公正であると考えます。だから、相手が自分よりも優れていることが許せず、相手をちょっとでも引きずり下ろしたい、ちょっとでも嫌な思いをさせたい、と思うのです。

たとえば、「私」が人から好かれない性格だとしましょう。それに対して、目の前に、いつも周りから人気のある人がいるとします。このとき「私」は、その人気者が、自分に欠けているものを不当に占有しているように感じます。「ちょっとはその人気を私にも分けてくれよ」と思うわけです。そのように嫉妬に駆られた「私」は、相手の人気が失われるようなことを、わざとするかもしれません。たとえば、その人の嘘《うそ》の噂《うわさ》を流したり、その人をあえてみんなの前で怒らせようとしたりする、ということです。

こうした行為は、その人から人気を奪うことを目的にしているのであり、ショーペンハウアー風に言えば、他者の苦痛を求める悪意に駆られたものです。しかし、そんなことをしてもまったく意味がありません。もしも本当に「私」が自分の人気のなさを嘆いているのなら、もっと違った面で努力し、自己研鑽《じこけんさん》するべきなのです。結局、悪意に駆られる人は、それによって自分をもっと貶《おとし》めることになります。

嫉妬が人間にとって有害なのは、自分にとって価値があるものを憎む、という矛盾に陥ってしまうからです。先ほどの例で言えば、「私」は、本来なら人から人気があることを良いことだと思っているのに、人気者を憎んでいるわけです。しかし、本当に人気があることに価値を認めているなら、人気者を称賛することができなければなりません。それが首尾一貫した態度です。それができずに嫉妬していると、いつしか自分が何に価値を感じているのか、何を望む人間なのかがわからなくなってしまうかもしれません。

『こころ』における嫉妬

言い換えるなら、嫉妬は、人間に自分自身を見失わせるのです。夏目《なつめ》漱石《そうせき》の代表作『こころ』には、そうした嫉妬の有害さ、そしてそれが悪意となって表れるときの恐ろしさが描かれています。

ある日、大学を卒業した主人公のもとに、先生からの遺書が届きます。その遺書には、先生が若い頃に犯した過ちが克明に綴《つづ》られていました。

大学生の頃、先生は下宿先で生活をしていました。その大家の娘に美しい「お嬢さん」がいて、先生は彼女に恋をしていました。

先生の通う大学には、Kという名前の親友がいました。あるとき、彼は家族とトラブルになり、住む場所に困ってしまいました。そこで先生は、大家に断りを入れて、彼を自分の下宿先に同居させることにします。先生の下宿先は八畳の部屋と四畳の小部屋で構成されており、小部屋の方をKが使うことになりました。

当時、Kは寡黙でクールな人でした。人付き合いをせず、無駄話を嫌い、一人でずっと本を読んでいました。その様子は、どこか他人を拒絶し、自分自身を孤立させ、偏屈にさせているようにも見えました。そこで先生は、「お嬢さん」にお願いをして、なるべくKに話しかけてもらうように図ります。それによって、少しは彼の偏屈さを改善できるのではないか、と考えたのです。

Kと「お嬢さん」は交流を深め、次第に距離を縮めていきます。それ自体は望ましいことでした。「お嬢さん」がKの部屋にやってきて、しばらく話をするようにもなりました。しかし、「お嬢さん」に恋をしている先生は、だんだんとその様子を面白くないと思うようになっていきます。「お嬢さん」は、先生の部屋を通ることを回避してKの部屋に行くこともあり、それが先生にとっては不愉快でたまりませんでした。しかし、先生の思いに反して、Kと「お嬢さん」の距離はどんどん深まっていきました。

ある雨の日のこと、先生が家路に就く途中、「お嬢さん」とともに歩いているKとばったり遭遇してしまいます。嫉妬に駆られた先生は、「なんで一緒に出かけたのか」と、Kと「お嬢さん」に問い詰めます。かなり格好悪いですね。

もちろん、先生はまだ「お嬢さん」に自分の気持ちを伝えていたわけではありません。

そんなふうに嫉妬するくらいなら、もう愛の告白をしてしまえばいいのですが、先生にはそれができません。

やがてKは本格的に「お嬢さん」に恋をするようになります。しかし、自分の恋心について、Kは深い苦悩に陥ります。自分は信念を持って学問をしているはずなのに、恋愛なんかをしている場合なのか、自分が間違っているのではないか、と考え込んでしまうのです。その苦悩について、Kは先生に——先生が「お嬢さん」に恋しているなどとは知らずに——相談を持ちかけてきます。

それは先生にとって、Kに「お嬢さん」を諦めさせる絶好の機会でした。先生は、Kの心の弱みを考え抜き、次のような言葉を浴びせるのです。

精神的に向上心のないものは、馬鹿だ

それを聞いたKは、「僕は馬鹿だ」と、先生の言葉を聞き入れてしまいます。そして、

「もうその話は止《や》めよう」と話を終えようとしますが、先生はそれを許しません。

止めてくれって、僕がいい出した事じゃない、もともと君の方から持ち出した話じゃないか。しかし君が止めたければ、止めてもいいが、ただ口の先で止めたって仕方があるまい。君の心でそれを止めるだけの覚悟がなければ。一体君は君の平生の主張をどうするつもりなのか

この言葉が残酷なのは、それがKにとって一番言われたくないことであり、そしてそれを先生が知り尽くした上で言っているからです。Kは自分の信念に従って生きる人物であり、実直で果断でした。そうした彼にとって、何かにクヨクヨし、優柔不断であることは、もっとも自分にとって許し難いことだったのです。しかし先生は、まさにそうした存在として彼を批判したのです。

ここには、Kに対して嫉妬し、できるだけ彼を苦しめてやろうとする、先生の悪意が滲《にじ》み出ています。先生の言葉にKは打ちひしがれ、恋をしたことを後悔していきます。しかし、その後、この悪意に対して先生は非常に厳しい報いを受けることになるのです。

意地悪と同情

とはいえショーペンハウアーは、嫉妬は誰でも抱きうるし、それほど罪の重いものではないと考えていました。たしかに、嫉妬したくらいで猛烈に非難されていたら、それはそれでちょっと息苦しいですよね。それに対して、悪意のあり方として彼が絶対に許せないとしたのが、意地悪です。

意地悪とは、他者の苦痛を求めるという悪意の特徴が、ストレートに現れたものです。意地悪な人は、相手が苦しんでいる様子を見て、けらけらと笑います。そして、苦しめば苦しむほど愉快になり、もっと苦しむように仕向けてくるのです。

意地悪の典型的な行為が、拷問です。他者を拷問にかけて喜ぶ人間は悪意に満ちています。たとえば映画を見ていると、時々、そうした悪役が登場することがあります。そうした人はどこか常軌を逸した人、狂った人のように見えますよね。ショーペンハウアーは、そうした人間の姿を指して、悪意に駆られることを悪魔的と呼んだのかもしれません。

意地悪が度を過ぎると、それは残酷さとなって現れます。意地悪が過ぎる人間とは、残酷な人間なのです。たとえば拷問が好きな人間は残酷です。残酷さこそ、悪意の最悪の姿である、とショーペンハウアーは考えます。

とはいえ、人間はただ悪意に満ちただけの存在ではありません。このような光景を前にすると、私たちはある種の衝撃を受けます。「なんでこんなことが起こるのだろう。信じられない」という気持ちになるはずです。ここにこそ、その悪意に対して抵抗を示す、別の衝動もある――そのようにショーペンハウアーは考えるのです。

前述の通り、彼は人間の衝動として、エゴイズムと悪意を挙げていました。エゴイズムは自分の快楽を求めることであり、悪意は他者の苦痛を求めることでした。しかし、この二つとは異なる、第三の衝動があると彼は指摘します。それが、他者の快楽を求める、同情です。

同情が他者の快楽を求めることだと説明されると、少し違和感があるかもしれません。同情とは、普通、目の前の苦しんでいる人に対して、その苦しみを共にする感情であるからです。ただし、ショーペンハウアーが言う「他者の快楽を求める」ということには、苦痛を避けることが含まれています。つまり、他者の苦痛が少しでもなくなってほしい、それによって他者が少しでも楽になってほしい、と願うことが、同情に他ならないのです。

同情は悪意と真っ向から対立します。悪意が他者の苦痛を求めるのに対して、同情は他者の苦痛をともに苦しみ、それをなくそうとするからです。

残酷な出来事を前にして私たちが衝撃を受けるのは、私たちの心のなかにそうした同情心が宿っているからです。同情的な人にとって、残酷なことをする人が、「信じられない」と思うのは、本来なら苦しむべき他者の苦痛を、残酷な人がむしろ望んでいるからです。
ショーペンハウアーは、エゴイズム、悪意、同情というこの三つを、人間がもつ根本的な衝動として説明します。人間が何らかの衝動に駆られて行為するとき、それは必ずこの三つのうちのどれかなのです。そして、このなかで道徳的だと言える衝動は、同情しかありません。それに対して、エゴイズムと悪意は、ともに道徳に反する衝動であると言われます。そのなかでも、エゴイズムがまだましであるのに対して、悪意はもっとも道徳的に許されないものです。なぜならそれは、構造的に、同情をひっくり返した衝動だからです。

ところで、なぜ人は他者に同情するのでしょうか。他者は他者であり、「私」ではありません。他者が苦痛を被るのだとしても、「私」が苦しんでいるわけではありません。そうであるにもかかわらず、なぜ、「私」は他者の苦痛をともに苦しむようになってしまうのでしょうか。

これに対して、ショーペンハウアーは実に興味深い回答を示しています。すなわち同情は、こうした「私」と他者の区別そのものをかき消してしまう、というのです。

私たちは普段、自分と他者を明確に区別して生きています。ショーペンハウアーは、このように私たちが別々のもの——すなわち「個体」——として存在するあり方を、個体化と呼びます。しかし、他者に同情するとき、「私」は目の前で苦しんでいる他者が、「私」から区別された存在であると思えなくなるのです。そのとき、「私」と他者の境界は曖昧になり、まるで両者が一つの存在になったかのように感じられます。だからこそ、同情に襲われるとき、私たちは他者の苦痛をまるで自分のことのように感じるのです。

ただし、注意が必要です。同情において自己と他者の境界がなくなるのだとしても、それは、他者を自己の延長のように捉えることではありません。つまり、相手を自分の一部のように捉え、「私」のなかに同化させてしまうことを意味するのではありません。このように考えるなら、他者は個体性を失っていますが、「私」はいまだ個体であることになります。そうではなく、同情は、自己と他者の個体性そのものを、同時に消し去ってしまうのです。

こうしたショーペンハウアーの思想は、かなり尖《とが》った発想のようにも思えます。しかし、考え方を変えてみれば、そうでもしなければ説明がつかないほど、同情というのは不思議な現象なのです。実際に彼も、同情が摩訶不思議《まかふしぎ》なものであり、神秘的でさえある、と述べています。

性格は変えられる？

前述の通りショーペンハウアーは、人間の性格は変えられない、と考えていました。エゴイズム、悪意、同情——この三つの衝動のうち、どれが強く、どれが弱いのかということは、自分で調整することができません。それは生まれたときには与えられているものなのです。

しかし、そうであるとしたら、それはずいぶん救いのない話のようにも思えます。悪意のある人はずっと悪意があって、それは変わらないということになるからです。それでは倫理なんて考えても仕方がないし、そもそも社会が成り立たなくなるようにも思えます。

これに対して、ショーペンハウアーはちょっと面白い回答を示しています。たしかに性格そのものを変えることはできません。しかし、性格が行為となってどのように現れるのかを変えることはできる、と言うのです。

たとえば、ここに非常に悪意が強い人がいるとしましょう。その人は、平気で他者に意地悪をするし、残酷なゲームばかりしています。ところが、ある日、意地悪をした相手から手痛い復讐《ふくしゅう》を受け、大いに後悔したとします。このときその人はこう思うはずです。こんな嫌な思いをするくらいなら、もう意地悪をするようなことはやめよう、と。

このとき、悪意のある人は、悪意そのものを失《な》くしているのではありません。その人は依然として悪意に満ちています。しかし、悪意に従って行為をしていたら、自分が嫌な思いをすることになる、ということを、学習したのです。それによって、何も考えずに悪意を発露させるのではなく、悪意に制限をかけるべきだということを学んだのです。

ショーペンハウアーは、このように学習することで、自分自身の性格をより首尾一貫したものに、生活に適したものに変えていくことができる、と考えました。性格を変えることはできませんが、それを生活に適した行為へと変えることはできるのです。

さて、これまで私たちは、他者の苦痛を求める概念として、意地悪について検討してきました。ところで、同じように他者の苦痛を求めるものでありながら、意地悪とは少し違ったニュアンスを持つ概念を考えることもできそうです。

たとえばそれが、復讐です。私たちは、自分が理不尽に損害を被ったとき、他者に復讐したくなります。復讐が果たされれば、それは大きな快楽をもたらしてくれるように思えます。しかし、だからといって復讐は、意地悪とは違い、ただ楽しいだけのものではないように思えます。復讐が果たされるその瞬間まで、むしろそれは私たちに苦しみをもたらすものでもあるように思えます。

復讐とは、いったい何なのでしょうか。それを、次章のテーマにしましょう。

第三章　復讐することはなぜ楽しいのか

前章では、他者の苦痛を求めることを、意地悪の問題として取り上げました。ただ、私たちが他者を苦しめたいと思うことは、実は意地悪以外にも起こりえるように思います。意地悪は、他者が苦しんでいる姿が楽しくて行われます。しかし、別に楽しくもなんともないけど、他者を苦しめたくなることが、人間にはあるからです。

それが、復讐《ふくしゅう》です。たとえば私たちは、他者から損害を被ると、相手に同じ目に遭わせてやらないと気が済まない、と思うことがあります。また、人の命に関わる凶悪な犯罪に関するニュースを見ると、「加害者にも同じことをするべきだ」、「いまの刑罰は甘い」といった声を耳にすることもあります。

いわゆる、「目には目を、歯には歯を」という発想です。でも、そうやって他者が苦しんでくれたところで、自分がハッピーになるわけではありません。そのとき私たちは、意地悪とは異なる形で、他者が苦しむことを求めているように思えます。
この章では、そうした復讐について考えていきましょう。

「ぐぬぬ」顔を見せてみろ

私は大学で先生をしています。みなさんは、大学で先生になるには、どうしたらいいと思いますか？

実は、それにはいろいろな方法があるのですが、もっとも一般的なのは、大学院で博士号を取り、求人情報を出している大学に自ら応募することです。しかし、この方法で採用されるのはとても困難です。一つの求人に対して、とても多くの人が応募するからです。大学の採用者は、数多くの応募者のなかから、その求人に適した人を決めなければなりません。その大学の理念に適しているのかどうかはもちろん、応募者がどれだけ業績を積んできたのか、ということも評価されます。そしてそこには、前任者と専門が近いといった、運の要素も加わってきます。

そういうわけですから、哲学の研究者として大学教員になろうとすることは、生半可な覚悟では成し遂げられません。そのため、指導教員や先輩たちは、その覚悟を試すようなことをよく言います。「就職するのはとても難しいから考え直した方がいい」といった具合に。

かく言う私も、そういう言葉を浴びながら研究を続けてきました。そうした忠告をしてくれる人の多くは、純粋な良心でそう言ってくれています。

しかし、中には少し腹が立つ言い方をする人もいるのです。あるとき、先輩から「君がどれだけ頑張っても絶対に無理だから諦めろ」と言われたことがあります。私はその言葉からはっきりと悪意を感じ、怒りがこみ上げてきました。喧嘩《けんか》こそしませんでしたが、その先輩からは距離を取り、絶対に彼を見返してやると心に誓ったことを覚えています。

色々な幸運が重なって、私は無事に就職することができました。しかしそのとき、その先輩はまだ就職できないままでした。私は心のなかで「ざまあみろ」と叫びました。

それでようやく、先輩から言われた嫌味の呪縛から、解放されたように感じたのです。

私は、できることなら、その先輩と直接対峙《たいじ》し、「ざまあみろ」と言ってあげたかったです。きっと先輩は、苦虫を嚙《か》み潰した顔で、「ぐぬぬ」と言ったでしょう。その表情をぜひ見たかった。もちろん、そんなことを本当にやったらトラブルの原因になりますから、やりませんでした。

いま思い返すと、そのときの自分の心の狭さに愕然《がくぜん》としますが、このとき私は、たぶん復讐心に駆られていたのだと思います。私は、先輩の「ぐぬぬ」顔を想像しては、愉快な気持ちに浸っていました（みなさんはこういう大人にならないでくださいね）。

このように、復讐は甘美なものです。ある意味では、復讐することは楽しいです。しかし、それは純粋な意地悪とは異なっています。私は、復讐が果たされたと確信するその瞬間まで、先輩に言われた嫌味にずっと苦しんでいました。心の中で、そう言われたときの先輩の声が響き、先輩の表情がぼんやりと浮かんでいました。先輩の「ぐぬぬ」顔は、その亡霊のようなイメージを消し去ってくれたのです。復讐の喜びは、そのようにして自分の何かが取り戻されたように感じること、自分の中につけられてしまった傷が修復されたように感じることなのではないでしょうか。

復讐は悪いことか？

そもそも、復讐っていいことなのでしょうか。それとも、悪いことなのでしょうか。紀元前一八世紀にバビロニアで制定されたと言われているハンムラビ法典には、「目には目を、歯には歯を」という記述があったそうです。これは、たとえば、他者の目を傷つけた加害者は、自らの目も同じだけ傷つけられなければならない、という考え方で、一般に同害報復と呼ばれる原則です。この意味で、この考え方は復讐を正当化していると言えます。ただし、重要なのは復讐に上限を定めている、ということです。たとえば「私」の目を傷つけてきた加害者が、どれほど憎たらしかったとしても、正当な復讐として認められるのは、その加害者の目を傷つけることだけであり、命までをも奪ってはいけません。

この考え方に従うと、復讐がそれ自体で悪いこと、というわけではなさそうです。どちらかと言えば、そこでは正しい復讐と正しくない復讐が区別されているのです。

私が子どもの頃に通っていた空手の道場の師範は、大変な人格者でした。彼はよく、たとえ誰かから叩《たた》かれることがあったとしても、君たちはその人にやり返してはいけないよ、と言っていました。なぜなら、空手を習っているということは、普通の人より力が強くなることを意味するからです。同じように素手で叩くのだとしても、空手を習っている人がそうするのは、凶器を使っているのと同じになってしまう。だから、同じことをやり返したつもりでいても、実際にはそれ以上のダメージを、相手に与えることになってしまう。したがってそれは不正な復讐になってしまうのです。

彼はよく、頰《ほほ》を叩かれることがあったら、反対側の頰を差し出すくらいの心の広さを持ちなさい、と言っていました。残念ながら、私は彼の教えに反して、心の狭い人間に育ってしまいましたが、その教えは今でもよく覚えています。

後から知ったことですが、実はこの発想は、キリスト教に由来するものです（たぶん、師範はキリスト教徒ではありませんが)。『新約聖書』では、「目には目を、歯に歯を」というハンムラビ法典の規則が、名指しで批判されています。そこでは、この考え方に従うべきではなく、「もしだれかがあなたの右の頬を打つなら、ほかの頬をも向けてやりなさい」と書かれています。それではやられっぱなしになってしまうではないか、と思いましたか? その通りです。そうやって復讐心に抵抗することこそが、キリスト教がもっとも重視する、愛なのです。

ただ、キリスト教でも復讐が全面的に否定されているわけではありません。たとえば別の箇所では、「主が言われる。復讐はわたしのすることである」と書かれています。要するに、復讐は神が代わりにやっておくから、人間が復讐することはやめておけ、ということです。そうであるとしたら、復讐すること自体が間違っているわけではなく、人間のような不完全な存在が復讐するべきではない、と考えられているのかもしれません。

この考え方は、実際に神が人間の代わりに復讐を果たしてくれるのでなければ、成立しません。つまり、世の中に悪人がいれば、すぐさま神が制裁を下し、世界には常に正義が実現している状態が保たれていなければならないのです。そうでないなら、復讐しないでいることは、あまりにも割に合いません。

では、実際に神はこの世界でそうした仕事をしてくれているでしょうか。人間の代わりに悪いやつに鉄槌《てっつい》を下してくれているでしょうか。残念ながら、そんなことはないのではないか、と世に訴えかけた作家がいます。

神なき世界の倫理

それが、ロシアの文豪ドストエフスキーです。彼は代表作『カラマーゾフの兄弟』のなかで、神と倫理をめぐる壮大な問題を提起しました。

物語は、強欲な地主であるフョードル・カラマーゾフとその三人の息子をめぐって展開されます。ある日、フョードルは何者かによって殺害され、その大金が何者かによって奪われてしまいます。彼と確執を抱えていた息子たちは、裁判に巻き込まれていきます。

この作品が秀逸なのは三人の息子の人物設定です。長男であるドミートリイは直情的な人物として描かれ、次男であるイワンは、無神論的で合理的な人物として、三男のアレクセイは修道院で勉強した敬虔《けいけん》な人物として描かれます。このように、それぞれ異なる世界観・人生観に従う三人は、自分の立場を代表して、人生とは何か、倫理とは何か、という問いに向かい合っていきます。

そのなかで、イワンとアレクセイが、復讐をめぐって興味深い対話を繰り広げるシーンがあります。

敬虔なキリスト教徒であるアレクセイは、『新約聖書』に書いてある通り、人間は他者に復讐するべきではない、と考えます。ところが、無神論者であるイワンは、この考えを退けます。前述の通り、人間が復讐するべきではないのは、復讐が神の仕事であるからです。しかし、その神が存在しないなら、人間が復讐するべきではない理由もまた、存在しないことになってしまいます。そして、現実の世界を眺めてみるならば、この世界には明らかに神は存在しない、と彼は主張します。なぜなら、本来なら復讐されるべき人間が、世の中ではのうのうと生きているからです。

彼はそれをアレクセイにわからせるために、耳を塞ぎたくなるような残酷な話を、次々と彼に言って聞かせます。外国で起きた虐殺の話や、日常的に起こっている児童虐待の話です。アレクセイは苦しみながらイワンの話を聞きます。イワンは、最後の決定打とでも言わんばかりに、とっておきの残酷な話をします。それは、ある軍隊の将軍が、子どもを裸にして逃げ惑わせ、犬の群れをけしかけてその子どもを襲わせた、という話です。そして、この将軍をどうするべきか、とアレクセイに尋ねます。

すると、アレクセイは「銃殺にすべきです」と叫びます。それを聞いたイワンは「やったぜ！」と歓喜の声を上げるのです。なぜならそれは、アレクセイが自分の敬虔さを裏切り、自らの人間的な復讐心を露《あら》わにした瞬間だったからです。

イワンは、人間からそうした自然な復讐心が失われるなど、まったく信じることができません。なぜなら、神は存在しないからであり、人間が復讐しなければ、この世界の歪《ゆが》みは正されないからです。イワンはアレクセイに、実に嬉《うれ》しそうに、「お前の心のなかにも悪魔のヒヨコがひそんでるってわけだ」と言います。彼にとって、敬虔なアレクセイに自らの復讐心を認めさせたことは、無神論の勝利に他ならなかったのでしょう。

イワンは、すべての人が互いに愛し合う世界を、断固として拒絶します。なぜならこの世界には残酷な出来事が起き、悪意を持って他者を傷つけながら、平然と生きている人間が存在するからです。彼は、そうした人間には絶対に復讐がなされるべきだ、と訴えます。そうでなければ、傷つけられ、殺されていった人々は報われないからです。

イワンはアレクセイに対してずいぶん辛辣ですが、しかし、彼の言うことにも一理あるのかもしれません。そのようにして、イワンの口を借りながら、この物語は神なき世界の倫理がどうあるべきかを、読者に問いかけるのです。

苦痛と快楽の両立

復讐心が意地悪と異なるのは、それが激しい怒りに駆られたものである、ということではないでしょうか。イワンがアレクセイに自らの復讐心を認めさせるためにしたのは、残酷な話を聞かせて、彼を怒らせることでした。当たり前のことですが、怒りは私たちにとって苦痛です。ところが、同時に復讐には、どこか甘美な側面も含まれています。復讐を果たすとき、私たちはそれを喜ばしくも感じているのです。そうであるとすると、復讐には、苦痛と快楽、その両方が含まれているということになります。しかし、両者は正反対に位置する概念のはずです。なぜ、復讐において、その二つが同時に成立するのでしょうか。

この問題に明瞭な回答を示したのが、古代ギリシャの哲学者である、アリストテレスでした。

彼もまた、復讐を怒りとの関係から説明しています。すなわち私たちは、正当な理由がなく軽蔑されるときに、怒りを感じる。そしてその怒りは、軽蔑してきた相手に対して復讐しようとする欲求に他ならない。つまり、彼の説明では、私たちが誰かに怒るときは、その誰かに復讐したいと思っているときなのです。

ところで、アリストテレスによれば、欲求が満たされることは快楽をもたらします。その上、たとえ欲求が実際に満たされなくても、その欲求が満たされそうだと思うこと、つまり自分の目標が達成できそうだと思うことだけでも、私たちは快楽を感じるのです。だからこそ、復讐心はある種の快楽をもたらす、と彼は主張します。

つまり、こういうことです。私たちが誰かに軽蔑されると、私たちは苦痛を感じ、その誰かに復讐したいと思います。それが怒りです。しかしそのとき、私たちは自分がその気になれば相手に復讐できるだろう、たとえば具体的にこういう行動をすれば復讐できるだろう、と期待することができます。その算段を立てているとき、私たちは快楽を感じるのです。このような理由で、復讐心において、苦痛と快楽が両立するということになります。

ただし、アリストテレスの考えでは、復讐は必ずしも当事者が果たさなければならないわけではありません。たとえば、「私」を軽蔑した人間が、別の何かによって報いを受けたと思われるとき、「私」は自分の復讐が果たされたように感じ、怒りは鎮まる、と彼は主張します。

私たちは明らかに復讐を楽しんでいます。なぜならそれは私たちの欲求を叶《かな》えてくれるからです。しかし、同時にその欲求は苦痛に駆られています。だから復讐することは、ただ楽しいことばかりではありません。復讐心に駆られている人は、同時に自分自身をすり減らし、苦しみながらそうしているのです。

そうだとすると、復讐することを手放しで肯定することは難しそうです。強い復讐心を抱くことは、同時に強い苦しみを抱え込むことを意味するからです。前述のイワンは、アレクセイに復讐心を認めさせるために、ありとあらゆる残酷な話を披露しましたが、そんな話を収集している彼の心は、もしかしたらアレクセイよりもはるかに傷ついているのかもしれません。

正義にかなった復讐

復讐は、確かに私たちを喜ばせます。しかしそれは同時に苦痛を伴います。だからこそ、私たちは復讐に対して、何らかの限界を設定しなければなりません。たとえば、前述の「目には目を、歯には歯を」という同害報復の原理は、まさにそうした限界を示す規則としても理解することができるでしょう。

しかし、アリストテレスは、この概念では復讐の限界を正しく示すことはできない、と考えました。「目には目を、歯には歯を」は、自分がされたことと同じことを、相手にもすることを認めます。しかし、そもそも「同じこと」とはいったい何なのでしょうか。

もう少し具体的な例で考えてみましょう。「私」が、親から誕生日に買ってもらった大切な靴を、他人に壊されてしまったとします。「目には目を、歯には歯を」の原則に従うなら、「私」は、靴を壊した他人の靴を壊すことを、復讐として許されます。しかし、もしかしたら、その他人にとってその靴はたいした思い入れのない、どうでもいいものかもしれません。そうであるとしたら、たとえ、「私」の靴とその他人の靴が同じような値段であったとしても、その靴を壊されたということの意味は違います。大切な靴を壊された「私」は、他人にとってのどうでもいい靴を壊したとしても、決して気が収まらないでしょう。

つまり復讐は、「私」に対してなされたことの意味と、ちょうど同じような意味をもつことを、相手にも行うことを必要とするのです。そして、そのように考えるなら、単に同じ行為をやり返すことが、正しい復讐になるとは限りません。大切な靴を壊された「私」は、「私」にとっての靴と同じくらい、相手にとって大切なものを壊すことができなければ、フェアだとは思えないはずです。

反対に、もしも「私」が、他人にとってのどうでもいい靴を壊してしまい、その他人から復讐として、「お前の持っている、親からもらった大切な靴を壊せ」と要求されたら、それはやりすぎでしょう。そのとき「私」が壊すべきなのは、その他人にとっての靴と同じくらいに、どうでもいいものでなければなりません。そうでなければ、復讐は超過し、エスカレートしていくからです。

アリストテレスは、このように、互いにとって同じ意味をもつことによって、行為の調整を図ることを、比例関係に基づく正義、と呼びました。

比例関係とはどういうことでしょうか。たとえば、一〇〇分の五〇と、一〇分の五は、その割合においては同じように五〇％です。それが全体の五〇％であるという意味で、一〇〇分の五〇と一〇分の五は等しいのです――五〇と五の間には一〇倍の違いがあるにもかかわらず。両者を等しいものとして扱うことが、比例関係に基づく正義です。それに対して、数字の絶対値に目を奪われ、一〇〇分の五と一〇分の五が、「五」であるからといって等しいと見なすと、それは不正義なのです。

お金の有効性と限界

先ほどの靴の例に当てはめて考えてみましょう。「私」にとって大切な靴は、他人にとってのどうでもいい靴よりも、大きな価値を持っています。だから、たとえ同じ値段の靴だったとしても、「私」にとってのその靴の価値と、他人にとっての靴の価値は、等しいとは言えないのです。むしろ、その他人にとって大切なものがあるなら、それが

「私」にとっての靴と値段が違っていたとしても、「私」の靴と等しい価値を持つと考えることもできます。つまりそれは、相手にとって、「私」にとっての靴と、同じ比例関係をもつのです。

ただ、そんなに都合よく、比例関係において等しい物や事があるとは限りません。もしかしたら、「私」の靴を壊した相手には、「私」にとっての靴がそうであるのと同じような意味で、親からもらった大切なものが何もないかもしれません。そうであるとしたら、正しい復讐がそもそもできない、という事態も、起こりえるのではないでしょうか。

この問題を解決するものとしてアリストテレスによって挙げられるものが、貨幣です。貨幣――つまりお金――は、すべての人間に対して共通の価値の尺度を提供します。

たとえば、親からもらった大切な靴に相当するものを、相手が持っていなかったとしても、その靴が「私」にとって持つ価値を金額に換算して、それを請求すれば、相手は「私」が失ったものと同じものを、「私」に支払うことになります。お金を介することによって、「私」は相手が誰であれ、正義にかなった形で復讐を遂げることができるのです。もっともこれは、「復讐」というよりも、一般的には「損害賠償」と呼ばれる概念に相当します。

このような観点から、アリストテレスは正義を実現するためにはお金が役に立つと考えました。なぜならお金は、社会のなかに存在する異なる人々の間で、比例関係に基づく正義を説明可能にし、それによって、復讐に設けられるべき限界が定められるからです。

たとえば、「私」の靴が壊されたことに対して、相手に一〇万円の損害賠償を請求したとしましょう。「私」はその金額に十分に納得しているとします。そして、相手は大人しくその一〇万円を支払ったとしましょう。その段階で、この問題はもう解決されたのです。相手は、「私」に与えたのと同じ損害を、自分に与えたのですから。そうである以上、「私」がその相手にそれ以上の復讐をすることは、かえって正義に反することになります。

ただし、このような考え方で、すべての復讐心に対して適正な限界を設けられるかどうかは、わかりません。

たとえば、イワンが語ったような、子どもに対する残酷な仕打ちに対して、その損害をお金に換算することなどできるでしょうか。そのような発想自体が、子どもを冒瀆《ぼうとく》しているようにも思えます。そもそも、共通の尺度によって評価するということは、その被害を別のもので交換することを意味します。しかしそれは、失われたもののかけがえのなさを否定する発想です。物品の損害なら、お金で解決できるかもしれません。あるいは、私がされたような、先輩からの侮辱も、賠償金に換算できるかもしれません。しかし、人の命をそのように扱うことは、そう簡単ではないでしょう。

だからこそ、人命をめぐる復讐は、しばしば手の付けられない形でエスカレートしていくのです。落としどころのなくなってしまった戦争は、その最悪の形態でしょう。もしかしたら、キリスト教が復讐を禁じたのは、そうした事態を回避するためだったのかもしれません。

さて、この章では復讐について考えてきました。私たちは復讐に楽しさを感じますが、それは意地悪とは異なり、怒りの苦痛を伴います。だからこそ、それがエスカレートしないよう、適正な限界を設けることが必要なのです。その限界は、アリストテレスの哲学に従うなら、比例関係によって説明されます。そうした限界を超えた復讐を、私たちはするべきではないでしょう。

これまで私たちは、自分の快楽を求めること、他者の快楽を求めること、そして他者の苦痛を求めることについて、検討してきました。しかし、「自分か他者か」、また「快楽か苦痛か」、という概念の組み合わせで考えるなら、ここにはまだ検討されていないもう一つの可能性があります。それは、「自分の苦痛を求める」ということです。

一見すると、そんなことは起こりえないようにも思えます。誰が好き好んで自分を苦しめようとするのでしょうか。しかし、実際には、人間がそうした行為に走ることは、決して珍しくありません。それを次章のテーマにしてみましょう。

第四章　自傷行為はなぜ楽しいのか

私たちの行動は、快楽と苦痛によって左右されます。多くの場合、人は快楽を追い求め、苦痛を忌避します。ところが、私たちには時として、自ら苦痛を追い求めることもあるのです。しかし、それはいったいどんなときでしょうか。

たとえば、その典型として、自傷行為を挙げることができます。刃物で自分の身体に傷をつける行為は、「私」にとっては、ただ痛いだけの行為です。それによって快楽を得ることはできません。そうであるにもかかわらず、ある種の人々は、そうした行為を自ら求めるのです。

もっとも、刃物で自分を傷つける行為だけが、自傷行為ではありません。たとえば、特にお金に困っていないのに売春をすることは、自分で自分を傷つける行為でしょう。また、自分のことを非難し、精神的に自分を追い詰めることも、ある意味では立派な自傷行為です。

しかし、そもそも、苦痛は避けられるべきものであったはずです。そうであるとしたら、自ら自分に苦痛を与えようとする、ということは、苦痛の定義からして矛盾しているように思えます。もしかしたら、自傷行為をする人にとっては、苦痛はむしろ快楽である、ということになるのでしょうか。

私にはそうは思えません。たしかに、「自傷行為はある意味で快楽である」と言うことはできるかもしれません。しかし、それが自傷である以上、そこには必ず苦痛が発生しているはずです。

本章では、本来なら人間が避けるべきであるような苦痛を、なぜ、人が求めてしまうのか、そしてそれは正しいことなのかを、検討してみましょう（いやー、この章もどんよりしそうですね。クッキーでも齧《かじ》りながら読んでくださいね）。

筋トレは自傷行為か？

私たちには、避けるべきものであるはずの苦痛を、自ら求めてしまうことがある——その一つの事例として、すぐに思いつくことができるのは、筋肉を増強するためのトレーニング、すなわち筋トレでしょう。

筋トレが自傷行為なわけないだろう、と思われたでしょうか。たしかに、一般的にはそうは考えられていません。しかし筋トレは、一時的に筋肉に負荷を与え、意図的に筋断裂を起こさせる行為です。筋断裂は一般に筋肉痛と呼ばれる痛みを発生させます。その部位が再生し、超回復することで、以前よりも大きな筋肉へと成長します。このメカニズムを応用して、筋肉を肥大させる行為が、筋トレに他なりません。

筋肉痛にも程度の差があります。ほとんど痛みを伴わずに筋肉を成長させるトレーニングもあるでしょう。しかし、子どもの頃から空手を習い、学生時代にはブレイクダンスをしていた私は、めちゃくちゃ痛いトレーニングが好きです。筋トレが終わった後、もはや動けないほどに筋肉が悲鳴を上げているとき、「ああ、おれは頑張った……」といった多幸感に包まれます。逆に、トレーニングのあとでまったく痛みを感じなかったら、「あれ、やった意味あったのかな」と不安になります。

告白しましょう。私は筋トレにおいて筋肉痛を自ら求めています。それは、言い換えるなら、自分の苦痛を求めるということです。しかし、それはなぜなのでしょうか。

まず、次のような反論が寄せられるかもしれません。それは苦痛を求めているのではなく、筋トレの効果を求めているのではないか、ということです。つまり、苦痛は単に筋肉の成長のサインであって、苦痛そのものを求めているわけではないのではないか、ということです。

これはもっともな意見のように見えます。しかし、たぶん、私と同じように筋肉痛を求めている人のなかには、この意見には共感できない人もいるのではないでしょうか。

たとえばここに、どれだけ激しい筋トレをしても、その後に襲ってくる筋肉痛を無くすことができる薬があるとしましょう。果たして、筋トレをした後、自分がそれを飲むだろうか、と自問すると、たぶん私は飲みません。筋トレをしたなら、そのあと、がっつりと筋肉痛が到来してほしいのです。ということは、やはり私は筋肉痛を筋肉痛として、それ自体として、求めているのだと思います。

あれ、急に読者がついていきてくれているか不安になってきました。そういうこと、ありますよね!?

みなさんが賛同してくれるようですので、話を先に進めましょう。それでは、なぜ、私は筋肉痛を求めているのでしょうか。私の考えはこうです。すなわち、たぶん、「それだけ自分が頑張った」ということを、筋肉痛が実感させてくれるからではないでしょうか。つまりその苦痛は、自分が成し遂げたこと、自分が達成したことを、実感させてくれるのです。

もしも筋トレした後で、まったく筋肉痛がなかったら、「おれは何をしていたんだろう」という虚《むな》しい気持ちになるかもしれません。しかし、筋トレの後に起き上がれないほどの苦痛を体験することで、「おれはこんなに頑張ったんだ、えらい！」と、自分を褒めたい気持ちになります。

このように考えると、なぜ人が苦痛を自ら追い求めるのか、という問題について、一つの仮説を立てることができます。すなわちそれは、身体的には苦痛であるが、自分の存在を確かめられるという意味では、快楽だから、ということです。苦痛は、ある場合には、それによって自分が自分であることを確信させてくれるもの、すなわち自己実現に寄与することになるのです。

リストカットはいけなそう?

それでは、どのような理由であれ、自傷行為は許されるのでしょうか。

たとえば、自分の手首を刃物で切る行為を、リストカットと言います。自傷行為と聞いてまず人が思い浮かべるのは、このような行為ではないでしょうか。それでは、筋トレと同じように、リストカットもまた許されるのでしょうか。

私たちは、どうにも、簡単に「そうだ」とは言えないでしょう。筋トレは許されるけれど、リストカットは許されないように感じます。しかし、自分の苦痛を求めるという点では、両者の間に違いはありません。いったい何が両者を区別しているのでしょうか。

すぐ考えればわかることは、両者にはその目的に違いがある、ということです。

筋トレは、自分自身の筋力を増大させるために行われます。筋トレとは、まさに、自分自身をパワーアップさせたい、成長させたいという思いから行われる行為です。だから、その行為の目的は自分自身である、ということになります。

しかし、リストカットはそうではありません。ほとんどの場合、それは一時的な感情の昂《たか》ぶりから引き起こされます。しかもそれは、自分をよくしたいという、ポジティブな思いに駆られたものではないでしょう。むしろ、自分を許せない、自分を罰したい、自分を否定したいという、ネガティブな気持ちから、人は刃物を手に取るのではないでしょうか。

そうだとすると、リストカットの目的は、自分自身にあるのではありません。なぜならそれは自分自身を否定しようとするものだからです。おそらく、私たちがリストカットを許せないと思うのは、その行為が、あくまでも否定的な感情に駆られたものであり、自分自身を蔑《ないがし》ろにしているように感じるからではないでしょうか。

念のために強調しておきますが、私は、リストカットをしている人を非難したいのではありません。たとえば何かのトラブルを抱え、その問題に苛《さいな》まれながら、それでも生きなければならない人が、仕方なくリストカットに及んでしまうことはあるでしょう。そのとき、私たちが考えなければならないことは、リストカットする人自身への非難ではなく、そうでもしなければ生きることさえままならなくさせてしまうような、トラブルの解決でしょう。

いずれにせよ、筋トレとリストカットの違いは明らかです。前者は、自分自身のために自分の苦痛を求めますが、後者は、自分自身のためではなく自分の苦痛を求めるのです。そして、私たちは筋トレには何の問題もない、と思っているのですから、苦痛を求めることは、それが自分自身のためであると言えるときに、許される——そうした仮説を立てることができるのではないでしょうか。

とはいえ、そうであるとしたら、自分自身のために行われる自傷行為であれば、どのような行為も許されるのでしょうか。私は、多くの場合は、そうだろうと思います。たとえばピアスの穴を開けることは、それが自分の身体に穴を開ける行為である以上、紛れもない自傷行為ですが、美しくありたいという気持ちに根差しているなら、間違った行為であるとは言えません。

断食に誇りを感じられるか

ただし、この基準はかなり不明瞭だと言わざるを得ません。どのような自傷行為は許され、どのような自傷行為は許されないのか――その境界は実に曖昧です。たとえば、フランツ・カフカの『断食芸人』を例に、考えてみましょう。

この物語の主人公は、断食を生業とする往年の芸人です。どんな芸かと言うと、自ら檻《おり》に入って、そのなかでひたすら断食をし、その様子を見世物にする、というものです。檻の周りには監視役がいて、勝手に食べないかを見張っています。その間、通りを歩く人はその檻をのぞき込み、断食を続けて衰弱していく芸人を見物するのです。四〇日間が経過すると、音楽隊が演奏するなかで、檻が開放され、芸人は外へ連れ出され、辺りは驚喜に包まれます。

主人公は、この芸に誇りを持っていました。完璧な断食を行うことに、文字通り命をかけていましたし、こっそり何かを食べようなどと考えたことさえありませんでした。興行の決まりで、四〇日間で開放することが決まっていましたが、それに対して不満を抱いていたほどです。なぜなら彼には、本当だったら、四〇日を超えて断食をすることができたからです。

ところが、時代は移り、断食芸にはそれほど注目が集まらなくなります。人々の関心は、もっと派手なサーカスへと移っていくのです。仕事がなくなった主人公は、サーカス団に雇われ、その隅っこで細々と断食芸を続けることになりました。かつて、自分の芸で多くの人々に感動を与えた彼は、現在の境遇に不満を抱き、在りし日の郷愁に耽《ふけ》るのです。

食事をしているときから、食後のおやつのことを考えている私には、まず不可能な芸です。しかし、断食は明らかに体に悪い行為です。健康を害しますし、場合によっては芸の途中で死んでしまうかもしれません。したがって、断食芸は自分の身体を傷つける行為、つまり自傷行為の一種である、と考えることができるでしょう。

さて、この自傷行為は許されるでしょうか。たしかに、彼は自分の意志で断食芸をしています。それどころか、その仕事に誇りを抱いているのですから、彼にその芸は自傷行為だからやめろと言ったところで、聞く耳を持たないに違いありません。しかし、問題なのは、彼がこの行為を、自分自身を目的にしているのかどうか、ということです。

一見すると、彼は自分のために断食をしているように思えます。しかし、その動機はそれほど純粋なものではありません。なぜなら、もしも完全な断食をすることだけが目的なら、人の見ていないところで、一人でやっていればよいからです。ところが彼は、そうやって断食をする自分の姿を、人に見てもらい、それどころか見る人を驚かせてやりたい、という動機すら持っています。つまりそこには、承認欲求とでも呼ばれるべき感情が含まれているのです。

もしも彼が、人から認められたくて断食をしているなら、それは自分自身を目的にした行為であると、純粋に認めることはできないかもしれません。そのとき彼は、他者から承認されるための手段として、自分自身を扱っているからです。

たとえばそれは、現代の事例で言えば、SNSなどの動画配信者が、多くの視聴者からリアクションをもらうために、自傷行為をする姿を録画して配信する、という行動に似ています。この行為は、たとえ本人が自分の意志で行っているのだとしても、私たちに相当の違和感を抱かせ、自分自身を蔑ろにするものだと思われても不思議ではありません。

主人公の断食芸人は、その後、かなりかわいそうな末路を辿《たど》ります。とても短いお話なので、ぜひみなさんも、自分の目でその結末を確認してみてください。

誰もが納得できる行為とは？

ここで、少し立ち止まって考えてみましょう。そもそもなぜ、自傷行為は許されないのでしょうか。

確かにそれは健康を害します。しかし、そこで害されているのは、あくまでも自分の健康です。どれだけ自傷行為をするのだとしても、他者に迷惑をかけているわけではありません。そうであるにもかかわらず、自傷行為を常習する人に対して、周りの人がそれをやめるべきだと言う権利が、どこにあるのでしょうか？

この問題を解決するためには、私たちがこれまで前提としてきた、快楽と苦痛の関係に基づく考え方とは、異なる基準で問題を検討しなければなりません。そのための重要な手がかりを提供してくれる哲学者を紹介しましょう。近代ドイツの哲学者、イマヌエル・カントです。

カントは、誰もが納得できる、普遍的に正しい行為は、どのようなルールに従うものか、ということを考えました。ポイントは、「誰もが納得できる」ということです。一部の人は正しいと思うけれど、別の人はそう思わないのであれば、不十分なのです。もしもこのような考え方を認めてしまったら、結局、その行為が正しいか否かは、人によって違うということになってしまうからです。

たとえば、「他者に苦痛を与えるべきではない」というルールは、普遍的に正しいと言えるでしょうか。カントは、そうは言えない、と考えます。なぜなら、何が苦痛であるかは、人によって違うからです。たとえば、「友達に辛いカレーを提供する」という行為は、その友達が辛いもの好きだったら問題ありませんが、もしも辛いものが大嫌いだったら苦痛を強いることになるでしょう。したがって、この行為が正しいのか否かは、その友達がどれだけ辛いものに耐性があるかによって変わってしまいます。「他者に苦痛を与えるべきではない」というルールでは、「友達に辛いカレーを提供する」という行為が普遍的に正しいか否かを判定できないのです。

では、普遍的に正しい行為のルールとは、どのようなものなのでしょうか。カントによれば、それは、「すべての人がそのルールに従うことができるか」、というものです。考えてみれば、これはとても自然な発想です。すべての人にとって正しい行為があるとしたら、それは、すべての人が従うことができるルールに基づいているに、決まっているからです。

「すべての人がそのルールに従うことができる」ことが正しいのだとしたら、それに反する行為は、正しくないということになります。すなわちそれは、言い換えるなら、「すべての人がそのルールに従うことができない」行為ということです。カントはそうした行為を、「すべての人がそのルールに従うと、そのもともとの行為自体ができなくなるような行為」として説明します。

はい、難しいですね。でもここが踏ん張りどころです。クッキーを補給してください。

こうした行為として挙げられるのが、嘘《うそ》をつくという行為です。たとえば、「自分の利益のためなら嘘をついてもよい」というルールがあるとしましょう。このルールにすべての人が従うと、どうなるでしょうか。「私」は自分のために他者に嘘をつきます。すべての人がこのルールに従っているのだから、他者もまた、「私」に嘘をつきます。すると「私」は、何が真実で何が嘘か、まったくわからなくなってしまうでしょう。そうであれば、結局、嘘をついても利益を得られなくなってしまいます。

つまり、「自分の利益のためなら嘘をついてもよい」というルールに、すべての人が従ってしまうと、このルールそのものが破綻してしまうのです。言い換えるなら、このルールが機能するのは、「私」は嘘をつくけれど、他者は本当のことしか言わない状態が成立しているときだけなのです。この意味において、このルールは自分を例外扱いしていることになります。そして、そうした行為こそ道徳的に正しくない、とカントは考えたのです。

人間の尊厳

カントによれば、「すべての人がそのルールに従うことができる」行為が、道徳的に正しいです。それに対して、「すべての人がそのルールに従うことができない」行為は、道徳的に正しくありません。この考え方に従うと、私たちは自分の利益のために嘘をつくべきではない、ということになります。他にはどんな事例を考えられるでしょうか。

カントが検討しているもう一つの有名な思考実験は、人間を道具扱いすることは許されるか、ということです。

たとえば、あなたが木になっている柿を取りたいと思っているとしましょう。しかし、近くにちょうどよい足場はなく、あなたは木にも登れないため、困っています。そこに、知らない人が通りかかります。しめた、と思ったあなたは、この人を組み伏せ、その体を踏み台にすることで、柿を取ることに成功したとします。

さて、この行為は道徳的に正しいでしょうか、正しくないでしょうか。考えるまでもなく正しくないわけですが、重要なのはその理由です。カントの哲学に従うなら、なぜ、この行為が正しくないと言えるのでしょうか。

その理由は次のように説明することができます。柿を取るために人を踏み台にすることは、人間を道具扱いすることです。このとき、あなたは相手に「踏み台になってくれませんか」と尋ねているわけではありません。相手を自分の目的のために強制しているのです。

このように、「人間を道具として扱ってもよい」ということがルールになった世界を想像してみてください。そして、そのルールにすべての人が従うことができるか否かを考えてみてください。カントによれば、それは不可能です。なぜなら、「私」が相手を道具扱いするのと同様に、相手もまた「私」を道具扱いする、つまり「私」も他者によって不本意に何かを強制されるからです。しかし、そんなふうに他者から何かを強制されるのだとしたら、「私」が他者を道具扱いすることなんてできないでしょう。

たとえば、柿を取ろうと思って他者を踏み台にしようとしているところで、横から突然知らない人がやってきて、「私」にタックルしてきたとします。唖然《あぜん》とする「私」に対して、タックルしてきた人が、「いやー、いらいらしていたから、ストレス解消のために誰かにサンドバッグになってほしかったんだよ」と言ったとします。この人は、「私」が他者を踏み台にしようとしたのと同じように、「私」をストレス解消の道具にしようとしたわけです。しかし、そんなことをされたら、「私」が他者を踏み台にすることは実現できなくなってしまいます。

このように、「人間を道具として扱ってよい」というルールに、すべての人が従って行為すると、その行為自体が成立しなくなります。したがって、この行為は道徳的に正しくないのです。

カントはここから、倫理学における非常に重要な概念を導き出します。すなわちそれは、「尊厳」です。

カントによれば、人間を単なる道具として扱うことは、道徳的に許されません。道具とは、ある目的を達成するための手段であり、その目的を達成できるという点に、道具の価値があります。つまり、道具の価値は、道具自身にあるわけではないのです。それに対して、その人間自身にある価値、すなわち道具的ではない価値を、カントは尊厳と呼びます。

さて、ここからがカントの発想の面白いところです。彼によれば、私たちが守らなければならないルールは、「人間を単なる道具として扱ってはいけない」ということです。前述の通り、他者を踏み台にすることは、このルールを破ることになるから、許されません。それは相手の尊厳を冒すことになります。

では、他者の尊厳ではなく、自分の尊厳を傷つけることは許されるのでしょうか。つまり、自分自身を、単なる道具として扱うことは許されるのでしょうか。

カントの考えでは、これもまた、許されません。なぜなら、私たちが守らなければならないルールは、あくまでも「人間を単なる道具として扱ってはいけない」ということであって、その「人間」は他者に限定されないからです。当然のことながら、「私」も人間です。そうである以上、「私」は自分自身のことも道具として扱ってはいけないのです。したがって、他人に迷惑さえかけなければ、自分のことをどんなふうに扱ってもよい、ということにはなりません。

自傷行為をしてはいけない理由

こうした発想に従うなら、「私」が自分自身を単なる道具として扱い、自分を傷つけたり、自分を蔑ろにしたりすることは、自分の尊厳を否定することであって、したがって道徳的に許されない、ということになるでしょう。

このことは、先ほど私たちが考えていた、許される自傷行為と許されない自傷行為の区分と、ぴったりと重なり合います。

私たちは許される自傷行為を、自分自身を目的とした行為として説明し、そうではない自傷行為は許されないと考えました。自分自身を目的とした自傷行為なら、それは自分を道具扱いしているとは言えません。それに対して、自分自身を目的としない自傷行為は、自分を単なる道具として扱うことを意味します。自分をよりよくするために行われるのでない限り、自分を傷つけることは、道徳的に正しくないのです。

このように考えれば、自分の苦痛を求める行為が、たとえ他者に迷惑をかけないのだとしても、やはり悪いことだと言うことは可能なのです。もちろん、こうした説得をされて、望ましくない形で自傷行為をする人が、それを止《や》めるか否かはわかりません。しかし、少なくともそうした説得をするためのロジックを、カントの倫理学は提供してくれるのです。

ところで、この章を通じて、カントという哲学者のスタイルにある特徴があることに気づかれたでしょうか。それは、異様なまでにルールにこだわっている、ということです。彼は、人間の感情はころころ変わるものであり、そんなものに頼っていたら、すべての人を納得させることのできる倫理学は語れない、と考えていました。だからこそ、自分がどう感じるか、ということに頼ることなく、純粋なルールの問題として、倫理学を考えたのです。

たしかに、ルールは大切です。しかし、カントのようにしっかりとルールを理解せず、ただ杓子定規《しゃくしじょうぎ》にルールを信じ切っているだけだと、それはかえって私たちの生活を息苦しくさせていきます。倫理とルールの関係は、もしかしたら、もう少し慎重に考えるべきなのかもしれません。そうした問題を、次の章では考えてみたいと思います。

第五章　空気を読まないのはなぜ楽しいのか

前章では、快楽や苦痛とは別の問題として、ルールの重要性について考えました。大切なのは、そのルールにすべての人が従うことができる、ということです。一部の人だけを特別扱いするルールは、不公平だからです。

そもそも、世の中にあるほとんどのルールは、すべての人がそれに従うことを前提にして設計されています。たとえば交通ルールがその典型です。私たちが信号に従って行動するのは、自分以外の人も同じように信号に従っている、ということを信じているからです。「私」一人だけが信号を守っていても意味がないのです。

つまりルールというものは「みんながそれに従うこと」によって、はじめて機能するのです。反対に、そうしたルールを破ることは、その行為が実際にどのような害を及ぼすのかとは関係なく、そのルールの機能を弱め、場合によっては無効化します。ルールを破るやつがいると、そのルールによって支えられていた秩序が乱されてしまうのです。

ここで重要なのは、ルールによって作り出されるある種の同調圧力は、そのルールそのものの正しさと関係がない、ということです。私たちは、多くの場合、ルールが正しいからそれに従うのではありません。「みんな」が従うから、それに従うのです。私たちの社会生活にルールが必要なのは当然です。しかし、それとは別に、ルールをめぐる同調圧力が、私たちにとって本当に必要なものであるか否かは、わかりません。

本章では、こうした同調圧力の問題について考えていきましょう。

制服を着崩す権利

どの学校にも、別にはっきりと校則には書いてないし、誰かがそう言っているわけでもないけれど、なんとなくみんなが守っているルールがありますよね。

私の高校では、制服と通学カバンが指定されていました。ただ、サッカー部やバスケ部などに所属している、いわゆる「イケてる」生徒は、それを着崩すことが許容されていました。いや、もちろん、先生が見逃してくれる範囲のことです。たとえば、ワイシャツをズボンから出してみたり、靴の踵《かかと》を踏みつぶしてみたり、通学カバンをエナメルバッグに変えてみたり、といったことです。今思えば、それのいったい何がよかったのかわかりませんが、とにかく、それが私たちにはめちゃくちゃカッコよく見えていました。

ところが、前述の通り、このように制服を着崩すことが許されていたのは、「イケてる」生徒だけです。そして、何をもって「イケてる」かと言えば、サッカー部やバスケ部など、アクティブな部活動に属していることです。でも、何をもってアクティブかは曖昧でした。たとえば野球部や卓球部も大変アクティブですが、そうした部活に属する生徒には、制服を着崩すことはなんとなく許されていませんでした。

さて、私は演劇部に属していました。当然ですが、演劇部の生徒に制服を着崩すことが許されるはずがありません。演劇部は——少なくとも私の高校では——「イケてない」からです。だから、私以外の部員はみんなしっかりと制服を着ていました。しかし私は、自分を「イケてる」と思い込んでいたので、その不文律に抗《あらが》って、制服を思いっきり着崩していました。ヘアワックスで髪を遊ばせ、ワイシャツをズボンから出し、靴の踵を踏み、演劇の台本を入れるためにスポーツ用のエナメルバッグを持ち歩きました。

言うまでもなく、私は教室で目を付けられることになりました。「調子に乗っているやつリスト」に入れられ、「イケてる」生徒によって構成される共同体には、参入することが許されませんでした。幸いなことに、私の高校にはいじめがなかったので、特に辛《つら》い思いはしなかったのですが、「戸谷君って珍しいよね」という理由から、「珍太郎」というあだ名をつけられ、「珍さん」と呼ばれて三年間を過ごしました。そのあとの人生で、そんなふうに空気を読めないことでいろいろと苦労しましたので、今となっては後悔しています。

なんで、あのとき私は、わざわざ制服を着崩していたのでしょうか。いま思い返すと、たぶん私は、そこにある空気を破りたかったのではないか、という気がします。つまり、この人は制服を着崩して良くて、この人はいけないという、暗黙の了解に従いたくなかったのです。

私たちは、日常生活において、多かれ少なかれ、空気を読んで生きています。それに対して、空気を読めない人は、それだけで鼻つまみ者として扱われてしまいます。空気を読まないことは、たとえ誰も傷つけていなくても、空気を読んでいないというただその理由だけで、まるで悪いことをしているかのように扱われてしまうのです。

「空気」の同調圧力

でも、なんで私は珍太郎などと呼ばれなければならなかったのでしょうか。

私が制服を着崩していても、教室のなかの誰も困っていなかったはずです。生活指導の先生は若干困っていたかもしれませんが、でも別に、人を傷つけていたわけではありません。私は、制服を着崩していた以外は、いたって品行方正な生徒でした。エナメルバッグの中に入れていたのは、ナイフや警棒ではなく、無害な高校演劇の台本なのです。

それでも、教室のなかの空気を読まなかった私は、なんだか悪いことをしているかのような扱いを受けていました。私はそこで、誰も傷つけていないわけですから、その悪さは、空気を読まなかったことそれ自体にあるとしか、考えることができません。空気を読まなかった結果、誰かが嫌な思いをしたから、それが悪いわけではないのです。空気を読まなかったこと自体が、悪いことだったのです。

では、空気を読まないことが、なぜ、それ自体として悪いことになるのでしょうか。それはおそらく、私が空気を読まないことによって、それまでその教室を支えていた不文律が、いくらか効力を失ったからでしょう。

たとえば、お世辞にも「イケてる」とは言えない私が、制服を着崩していたら、もう「制服を着崩していいのはイケている生徒だけだ」という不文律は機能しなくなります。そしてそれによって、「制服を着崩しているということは、あの人はイケているんだ」という、不文律から逆算した生徒への評価も、できなくなります。そんな評価が機能停止に陥っても、私は何も困らないのですが、たぶん「イケてる」生徒たちにとって、それは困ることだったのでしょう。

しかし、よく考えてみてください。なんで、「イケてる」生徒だけが制服を着崩すことができ、「イケてない」生徒にはそれが許されないのでしょうか。そもそも「イケてる／イケてない」はどのように区別され、その境界線はどこに引かれているのでしょうか。サッカー部が「イケてる」のはよしとしましょう。たしかに「イケて」いた気がします。では卓球部はどうでしょうか（もちろん私は卓球部も「イケてる」と思っています）。パソコン部はどうでしょうか（「イケてる」に決まっています）。その判断を誰がどのようにして行うのでしょうか。そして、その不文律を決めたのは誰であり、それを承認したのは誰なのでしょうか。

そんなことを聞かれても、きっと誰も答えられないでしょう。でも、それは考えてみればおかしな話です。だって、自分でもよくわからないものに、従っていることになるのですから。そしてここに、「空気を読む」ということの興味深い特徴があります。すなわち、周囲に同調して行動しているとき、私たちはそのように行動することが正しいという確信を持っているわけではありません。正しいか正しくないかはわからないけれど、とにかく「みんな」がそれに従って行動しているから、自分も同調してしまうのです。

そうであるとしたら、空気を読むことはある意味で恐ろしいものです。なぜなら、正しくない行動に対して人々が同調することも、容易に起こりえるからです。たとえばその典型が、いじめでしょう。教室でいじめが起こるとき、多くの場合、いじめに荷担する生徒の大多数は、ただ周囲に同調しているだけです。いじめられている生徒に対して、はっきりとした憎悪を抱いていたり、そのいじめを正当化できるだけの理由（そんなもの存在するはずがありませんが）を説明できたりする生徒は、ほとんどいません。だからこそ、ただ空気を読んで行動しているだけだと、知らず知らずのうちに暴力に荷担することにもなりえるのです。

時代を支配する空気

もっとも、学校を支配している空気からは、一歩でも学校を出れば逃れられます。だから、そうした空気が息苦しくなったら、そこから逃げ出せばいいのです。しかし、学校の外側には、別の空気が広がってもいます。国や時代を支配する空気から逃れることは、それほど簡単ではありません。

スコット・フィッツジェラルドの代表作『グレート・ギャツビー』は、そうした空気のなかで人がいかに生きるべきかを問いかける作品であると言えるでしょう。

主人公は、大学を卒業した後に戦争で従軍し、その後、就職のためにニューヨーク郊外のウェスト・エッグという街にやってきた若者です。彼の新居の近くには大豪邸が居を構えていました。その住人が、ジェイ・ギャツビーと呼ばれる人物です。

ギャツビーは豪奢《ごうしゃ》な人物でした。毎晩のようにパーティーを開き、客人をもてなして、大騒ぎしていました。しかし、その素性は謎に包まれており、誰も彼が何者なのかを正確に知る者はいません。主人公は、彼と少しずつ交流を持つようになり、彼の秘めたる想《おも》いを知ることになります。

この作品の面白さを十分に味わうには、それが書かれた背景を知ることが必要です。

『グレート・ギャッツビー』が発表されたのは一九二五年。当時、アメリカは空前の好景気の最中《さなか》にありましたが、同時にそこには、どこか退屈した空気が蔓延《まんえん》していました。たしかにお金は儲かるし、生活も豊かになる。しかし、その後に素晴らしい幸せが待っているわけではない。結局は、同じような毎日がこれからも繰り返されていくだけであり、生きがいのない日々をやり過ごすしかない――そうした沈滞した雰囲気で満たされていたのです。『グレート・ギャッツビー』の物語の舞台にも、まさにそうした空気が充満しています。

その最中にあって、ギャッツビーは懐かしき「アメリカン・ドリーム」を信じる男として描かれるのです。もう誰からも信じられていない時代遅れの価値観を持ち、自分の力でどんな夢でも叶《かな》えられると信じる大金持ち――それがギャッツビーです。だからこそ、物語のなかで、彼は明らかに空気が読めない人間として語られます。

ギャッツビーは、一見すると華麗でカッコいいですが、大事なところではドタバタしていて、時々メッキが剝がれます。彼は明らかに不自然なのです。しかし、その不自然さは、かえって彼を取り巻く世界の退屈さを際立たせます。

それを象徴するのが「灰の谷」と呼ばれる場面の描写です。ある日、ウェスト・エッグからニューヨークに電車で向かっていた主人公は、車窓からその場所を眺めました。そこでは、農場や庭園、家がすべて灰でできており、そこで生活する人々もすべて灰色をしているのです。このシーンは、物語の前後と直接関係がなく、かなり唐突に差し込まれている、非現実的な場面です。しかし、だからこそとても印象的であり、世の中の沈滞した空気を見事に表現しているように思えます。

灰は、何かが燃えた後に残ったものです。たとえばそれが、この物語の文脈では、アメリカン・ドリームなのでしょう。現在のアメリカは、いわば、その夢が燃えてしまった後の灰のようなものである、だから、誰もが同じように浮かない顔で、味気ない毎日を送っている——そうした作者の思いが、この場面の描写には込められているように思えます。

そうであるとしたら、空気が読めないギャツビーは、そうした重い空気に気づかせてくれる存在でもあるのです。私たちは、ギャツビーを空気が読めないやつだと笑います。でも、そうやって笑っている私たちは、果たして幸せなのでしょうか。彼を小馬鹿にできるほど、大した人生を歩んでいるのでしょうか。この作品は、当時のアメリカ社会に対して、そうした痛烈な問いを投げかけるものでした。そしてその問題提起は、時代を越え、国境をも越えた現代の日本社会においても、以前として色褪《いろあ》せていないように思えます。

なぜ人は空気を読むのか

そもそも私たちはなぜ空気を読んでしまうのでしょうか。周りに同調して行動しているとき、私たちには、自分がなぜそうした行動をしているのか、説明することができません。いや、それどころか、自分が空気を読んでいること自体に、気づかないことさえあるでしょう。ギャツビーのような、空気を読めない人間を目の当たりにして、はじめて自分が周りに同調して行動していたことに気づく——そうしたことがほとんどであるように思います。

つまり私たちは、空気を読もうとして、空気を読んでいるのではありません。気がついたら空気を読んでいるのです。なんだか不思議な言い方になっていますが、おそらくそれが事実ではないでしょうか。

こうした現象に対して、極めて鋭い分析を展開した人物がいます。二〇世紀ドイツの哲学者、マルティン・ハイデガーです。

彼は、人間の存在のあり方を二つの種類に区別しています。一つは「本来性」で、もう一つは「非本来性」です。本来性は、人間が自分自身の可能性に従って、自分を理解している状態であり、非本来性は、自分自身ではない可能性に従って、自分を理解している状態です。要するに、自分らしく生きている状態が本来性で、そうではない状態が非本来性、と考えてもらえれば、大丈夫です。

それでは、私たちは普段、どちらの状態で生きているのでしょうか。当然、それは本来性である、と言いたくなります。ところがハイデガーは、日常生活において人間は常に非本来性の状態にある、と言うのです。つまり人間は、基本的にはいつも、自分自身を見失い、自分らしくない形で生きているのです。

それでは、非本来性とは、具体的にはどのような状態でしょうか。ハイデガーによれば、人間は日常において、誰でもない誰かとして、匿名的な「みんな」の一員として存在しています。彼はそうした「みんな」を「世間」と呼んでいます。世間とは、特定の誰かではありません。世間で「こうだ」と言われていることを、誰が言い出し、誰がそれを認めたのかは、まったくわかりません。そうであるにもかかわらず、私たちは世間の一員として、世間のなかに取り込まれてしまっているのです。それは、本書の言葉で言い表すなら、空気を読んでいる状態、同調圧力に支配されている状態に他なりません。

たとえば、教室のなかで同調圧力に支配されているとき、私たちはほとんどの場合、その事実に気づきません。そのとき私たちは、かけがえのない個人としてではなく、教室のなかの「みんな」の一員、誰でもない誰かの一人として、存在しているのです。しかも、そうなることを望んだわけではありません。気がついたらそうなっているのです。

ハイデガーは、日常生活において、すべての人が、常に、非本来性の状態にあると指摘しています。この点で彼の主張は極めて徹底しています。空気を読んでしまうのは、意志が弱かったり、個性がなかったりする人の特徴ではありません。意志が強い人も、個性的な人も、日常においては必ず非本来的なのです。そして、そうである以上、空気を読むことはそれ自体が悪いことではありません。だってみんな空気を読んでいるんですから。空気を読んでいない人間なんて存在しないんですから。

問題なのは、それでは、どうやったらその空気に従わないことができるのか、という点です。前述の通り、同調はしばしば私たちを暴力へと荷担させます。それを回避するためには、同調圧力に対して、何らかの形で脱出することができなければなりません。ハイデガーの概念で言うなら、非本来性の状態を脱却し、本来性を取り戻さなければならないのです。しかし、それにはどうしたらよいのでしょうか。

本来性を取り戻す

非本来性に陥っているとき、「私」は誰でもない誰かになっています。それは言い換えるなら、個性を失っているということ、別の誰かと交換できる存在になっている、ということです。なんだか切ない話ですが、当然そうなります。たとえば教室のなかで、「私」がみんなと同じように行動しているなら、そう行動するのが「私」でなければならない理由は特にありません。だから、非本来性の状態のとき、「私」はいてもいなくてもいい存在なのです。

日常生活において、人間が常に非本来性の状態にあるなら、人間はどんなときでも、いてもいなくてもいい存在である、ということになります。私たちの人生は、いつでも誰かと取り換えることができる、交換可能なものになってしまいます。ところが、ハイデガーによれば、このような考え方が成立しなくなってしまう、大問題があるのです。

それが、死です。

死⁉　と思われましたか。まぁびっくりしますよね。ハイデガーを読む人は必ずそこで驚くので、自然な反応ですよ。

ハイデガーによると、死を他者と交換することはできません。なぜなら、考えてみれば当たり前のことですが、「私」の代わりに誰かに死んでもらうことはできないからです。

たとえば、悪魔が「私」に呪いをかけたとしましょう。そして、「私」がその呪いを別の誰か（ここでは仮に珍太郎くんにしましょう）に移したとしましょう。珍太郎くんが「私」に移された呪いのせいで死んだとしましょう（かわいそうな珍太郎くん）。このとき、珍太郎くんは「私」の代わりに死んだわけですが、しかしだからといって、「私」の死が帳消しになったわけではありません。呪いがあろうがなかろうが、「私」はいつか死ぬからです。そして、「私」の代わりに死んだ珍太郎くんにとって、その死は「私」の死ではなく、あくまでも珍太郎くん自身の「死」なのです。

したがって、ハイデガーが死という言葉で考えていることは、誰の人生にもいつか終わりが来ること、したがってそれは限られていること、そうした人生の有限性であると言えます。そうした有限性を意識すれば、私たちは自分の人生が、決して他者と交換できるものではない、ということに気づくことができるのです。

たとえば、何らかの難病にかかり、余命が一年だと宣告されたとしましょう。自分に残された時間を自覚した「私」は、今までのように空気を読んで、他の人と同じような生き方をすることなどしないでしょう。きっと、世間から笑われたり、つまはじきにされたりしても、自分がやりたいこと、自分らしいと思えることをやるでしょう。このとき、人間は非本来性を脱却し、本来性を取り戻している、と考えることができます。

とはいえ、人間はいつか死にます。余命が一年か十年か数十年かの違いでしかありません。誰もが気づいていないだけで、実際には余命宣告された人と同じ境遇にあるのです。そうであるとしたら、私たちは誰だって非本来性を抜け出すことができるはずです。この世界には、誰一人として、他者と交換可能な人間など存在しないのです。

高校生活にだって限りがあります。私たちはいつまでも高校生でいられるわけではありません。あるいは明日には事故に遭って死ぬかもしれません。だったら、空気を読んで自分らしさを見失っているなんて、もったいないことではないでしょうか。制服を着崩したいなら、着崩せばいいのです。それでクラスからつまはじきにされたって、別にどうでもよくないですか？（もちろん先生には怒られるかもしれないから、その辺りは自己責任でお願いします）。

空気を読まないで生きていこう

人は誰でも空気を読んで生きている。そのとき、人は交換可能な存在になってしまう。それに対して、自分の人生の有限性を自覚することで、人は本来性を取り戻し、自分が誰とも交換することのできない、かけがえのない個性をもった存在であることを思い出せる——それがハイデガーの思想でした。

そうであるとしたら、そこから、次のように考えることが許されるでしょう。すなわち、空気を読まない行動をしているとき、そのときにこそ、私たちは自分らしさを取り戻している、ということです。

思い返してみると、「イケてない」生徒だったのにもかかわらず、制服を着崩し、それによって空気を乱し、珍太郎と呼ばれていたとき、私はなんだか快感を味わっていた気がします。その快感は、たぶん、自分が誰でもない誰かではなく、個性をもった存在であると実感したことで、生じたのではないかと思います。そう言うと、ちょっと痛いやつのようにも思えます。しかし、ハイデガーの哲学に従うなら、空気を読まないことができるということは、単なる世間の一員ではないということ、誰でもない誰かではないということの、何よりもの証《あかし》に他ならないのです。

おそらく、そこに空気を読まないことの楽しさがあります。確かにそれは、世間のなかで悪いことと見なされます。しかし、世間に同調している限り、私たちは自分自身を見失っているのです。それどころか、そうした同調は、場合によっては私たちを暴力へと荷担させることさえあります。そうであるとしたら、空気を読まない行動ができる方が、もしかしたら悪に染まらずに済む、なんていう事態だって起こりえるかもしれません。たとえば教室でいじめが起こっているとき、空気を読まない生徒は、そのいじめに荷担することを拒否するかもしれません。しかし、それは決して悪いことではないようにも思えます。

こうやって考えていくと、問題は複雑です。なぜなら、空気を読まないことこそが、正しい行為である事態も起こりえるからです。そうであるとしたら、私たちは単に「みんな」と違う行動をするだけではなく、「みんな」を正しい行為へと導き、自分だけが同調圧力を逃れるのではなく、そもそもそれを解消し、その場を支配しているルールを変えていくべきなのではないでしょうか。

いよいよ、私たちは最後の問題に取り掛かるべきでしょう。すなわち、単に空気を読まない、ということだけではなく、空気を変えるにはどうしたらよいのか、ということです。当然のことながら、それは簡単なことではありません。たった一人で世間の空気を変えることなど、不可能に等しいです。では、どうしたらいいのでしょうか。それを次の章で考えていきましょう。

第六章　反逆するのはなぜ楽しいのか

私たちの社会生活はルールに従って営まれています。しかしそのルールは、同調圧力を作り出し、人々は空気を読んで生きています。では、その空気を変えるにはどうしたらいいのか――それが本章のテーマです。そしてそれは、同調圧力を作り出している源、すなわちルールをどう変えていくべきか、という問いでもあります。

私たちは、しばしば、自分では納得することができないルールを押し付けられることがあります。当然のことながら、我慢の限界が来れば、そのルールを変えるために立ち上がらなければなりません。とはいえ、ルールに反逆することは、大きなリスクを伴います。反逆に失敗したら大変な損害が生じるでしょう。しかし、それだけではありません。反逆が思わぬ結果に行き着いたり、その過程で予測もしていなかったトラブルが起きたりすることもあるのです。

反逆は、多くの場合、お祭り騒ぎの様相を呈することがあります。仲間とともに連帯し、立ち上がり、ルールという大きな敵と対峙《たいじ》する――そうした状況に、胸が躍るのかもしれません。しかし、それが悲惨な結果にも至りうるとしたら、私たちは、どうすればよいのでしょうか。そもそも反逆なんかしない方がよいのか、それとも、正しい反逆の仕方というものがあるのでしょうか。

本章では、こうした反逆をめぐる問題について考えていきましょう。

空手とブレイクダンス

ルールに反逆するのはなぜ楽しいのか――それを考える前に、そもそもルールとは何か、ということについて、もう少し考えてみましょう。

私は子どもの頃から空手を習っていました。空手は武道ですから、礼儀を重んじます。一歳でも年上の人には敬語を使わないといけませんし、場所がどこであっても、会ったら挨拶しなければなりません。

特に厳しいのは、師範とのコミュニケーションです。師範が何か言うたびに、相槌《あいづち》を打つように、「押忍《おす》」と言わなければなりません。たぶん、空手の門下生たちは、みなさんが思っている一〇倍くらいの頻度で「押忍」と言っています。ワンセンテンスごとに言っているのですから。慣れてくると何も考えずに口から出てくるようになるので、不思議なものです（何も考えていないのはよくないですが）。

さて、そうした厳しい礼儀を教え込まれた私ですが、大学院生になったころ、一念発起してブレイクダンスを習い始めました。ダンス教室に通って、週に二回くらいレッスンを受けたのです。

ブレイクダンスというのは、逆立ちしたままクルクル回ったり、片手で全体重を支えてポーズしたりするといった、派手なアクロバットが特徴のダンスです。私には、そんなすごい芸当はできませんでしたが、何個か、人に披露できるくらいの技を身につけることができました。

それはさておき、ダンス教室に通って最初に驚いたことは、講師と生徒が極めてフラットな関係にある、ということでした。私は空手を習っていたときの価値観が染みついていたので、当然、講師に敬語で話しかけました。すると講師は、「戸谷ちゃん！　敬語使うなんてやめてよ！　タメ口でいいよ。おれら対等だから！」と言ってきたのです。その講師の言葉に、周りの生徒たちも半ば笑いながら頷《うなず》いていました。

　このとき私は、礼儀正しくすることが、かえってコミュニケーションを妨害することがある、ということを学びました。空手の世界では、礼儀正しいことこそが、正しいコミュニケーションです。しかし、ブレイクダンスの世界では、それはむしろ間違ったコミュニケーションなのです。

　こうした違いは他にもいろいろあります。たとえば、空手では試合の際、必ず対戦相手に一礼をして組み手が始まり、試合が終わったら握手をします。「礼に始まり礼に終わる」ということです。これもまた、稽古のなかで徹底して教えられたことでした。当然ですが、試合中に相手を挑発することなど、絶対にあってはなりません。

　一方、ブレイクダンスの世界には、「バトル」と呼ばれる演技の方式があります。これは、二人のダンサーが交互に自分の技を披露し合い、その出来栄えや、観客をどれだけ沸かせられるかを競うものです。その際、ダンサーは相手を目いっぱい挑発します。馬鹿にするような仕草をすることさえよくあります。もちろん、バトルが終わったら握手をしますが、そうやって挑発すること、敵意をむき出しにすることは、むしろ相手へのリスペクトとして理解されているのです。

私は、このように二つのまったく異なるカルチャーを体験することで、正しい行為というものは、それが置かれる文脈によって、まったく変わってしまうということを、まざまざと体験しました。それは、本書の関心に引き付けて考えるなら、ルールによって行為の正しさは変わる、ということを意味するのです。

たとえば、空手のルールのなかでは、相手に敬語を使うことは、正しい行為です。しかし、ブレイクダンスのルールのなかでは、それは間違った行為だと見なされます。同じ行為であっても、ルールが変われば その正しさが変化してしまうのです。

ルールを変えることの難しさ

ここに、ルールを変えることの難しさがあります。

第四章で検討したように、私たちは快楽や苦痛を超えた道徳的な正しさを、ルールに基づいて判断しています。ある行為が正しいのはそれがルールに基づいているからであり、ある行為が間違っているのは、それがルールに反しているからである――普通、そのように考えられています。

このときルール違反は、いまあるルールを前提にして、それを破る行為だから、間違っていると判断されます。その意味において、ルール違反を犯すことは、決してルールの正しさそのものを脅かす行為ではありません。どれだけ人々がルール違反を重ねても、そのルールそのものが間違っている、ということにはならないのです。

それに対して、ルールそのものが変えられるとき、それは、正しさそのものが変わってしまうことを意味します。つまり、同じ行為であっても、今までは正しかったはずの行為が、ルールを変えられることによって、間違った行為であると判断されてしまう可能性があるのです。

話を単純化するために、現在のルールを「ルールA」、新しく変更されたルールを「ルールB」と呼んでみましょう（かえってわかりにくかったらすみません）。ルールAでは、相手に敬語を使うことが正しいとされています。しかし、ルールBでは、それは正しくないと評価されます。「私」は、自分の考えに従って、一貫して相手に敬語を使っているとしましょう。ルールAが適用されている間は、「私」は正しい行為をしていると見なされます。しかし、何かの出来事によって、ルールAが廃止されてルールBが適用されてしまったら、「私」は間違った行為をしていることになってしまいます。

ここで重要なのは、ルールAにおいて、ルールBそのものが間違ったものとして評価されうる、ということです。もしもルールAが自明とされる世界で、「なぁ、やっぱりルールAは間違っているから、ルールBに変更するべきじゃないかな」などという相談を誰かにしようものなら、「何を言っているんだ。ルールAが正しいに決まっているじゃないか。だって、ルールBに従ったら、敬語を使うことは間違ったことになるんだろ。でも、敬語を使うことは正しいに決まってるんだから、ルールBはそもそも間違ってる。だからルールAのままでいいんだよ」などと返答されるに違いありません。

しかし、この返答は説明としては破綻しています。なぜなら、ルールAの正しさをルールAによって根拠づけているからです。これは論理学の世界では循環論法と呼ばれる間違った論証です。

そうであるとしたら、私たちは、次のように考えなければならないことになります。すなわち、ルールを変更するということは、常に、現在において認められている正しい/間違っているという判断の基準を変えることであり、それ自体は決して現在の基準では正当化されない、ということです（もしも正当化されるなら、それはルールを変えたことにはなっていません）。したがってルールの変更は、必ず、既存のルールへの異議申し立て、言い換えるなら「反逆」の様相を呈するのです。

「正しい生き方」とは何か

あるルールが、正しい行為と間違った行為を区別する基準として機能するとき、そのルールは正義と呼ばれます。私たちの社会はそうした正義なしには成り立ちません。だから、ルールを変えることができる、ということは、決して、いかなるルールも必要ではない、ということを意味するのではないのです。私たちはあくまでもルールに頼って生きています。問題なのは、そのルールが一つではないということ、変更されうるものだということです。

当然のことながら、ルールの変更が起きるとき、つまり正義が移り変わるとき、それに支えられた既存の社会は不安定になります。それまで自分が正しいと思っていた行為が、実は間違っていたことになるからです。

ヴィクトル・ユーゴーの小説『レ・ミゼラブル』は、そうした正義の変更に翻弄される人々の運命を、多層的に表現した作品であると言えるでしょう。

物語は、もともと犯罪者であった主人公ジャン・バルジャンが、フランス革命をはじめとするさまざまな出来事に遭遇するなかで、聖人へと変容していく様子を描いていきます。そして、宿敵として彼と何度も対峙するのが、ジャベール警部です。

物語の冒頭、刑務所から仮出所した彼に、ジャベール警部は「危険人物」であることを表す証明書を渡します。当時の社会では、罪を犯したバルジャンは、仮出所しても依然として公的な監視の対象だったのです。バルジャンは罪を犯したのであり、ルールに違反しました。それに対して、彼を監視するジャベール警部は、あくまでもルールに則《のっと》って行動しています。ジャベール警部は、自分こそが正義を実現していると信じて疑わないのです。

心の荒《すさ》んだバルジャンは、教会にあった銀の燭台《しょくだい》を盗み、警察に逮捕されます。仮出所したばかりの彼が窃盗罪で裁かれれば、より重い刑を処されることは間違いありません。ところが、教会の神父は、その燭台は盗まれたのではなく、自分がバルジャンに渡したものだ、と警察に説明します。それによって、バルジャンは無罪となって放免されることになりました。バルジャンはこの神父の行動に驚愕《きょうがく》します。そして、自分自身もこの神父のように、正しく生きようと決意するのです。

ここで注目するべきは、この神父もまた、実はルールに反する行為をしている、ということです。なぜなら、神父は警察に対して偽証をしているからです。神父の行為は当時の社会の正義に従えば正しくない、ということになります。しかし、神父はむしろ、自分の行為こそが正しいと確信していたはずです。つまり、この状況においては、社会の正義に従わないことこそが正しい、と判断していたのです。

その後、バルジャンは人生を通して、神父が実践した「正しい生き方」を追求します。その様子を目の当たりにしながらも、ジャベール警部は、依然として彼に対する疑いを解きませんでした。一度罪を犯し、仮出所中に窃盗を犯した彼は、きっと邪悪な人間に違いない。そう信じて疑いません。なぜなら、それがその社会の常識であり、正義だからです。しかし、バルジャンはそうしたジャベール警部の思い込みを、あるいはその社会の常識を、覆すような善行を実践していきます。

あるとき、バルジャンとジャベール警部は革命の動乱に巻き込まれることになりました。バルジャンが革命派に関わることになった一方、体制派のジャベール警部は、スパイとして革命派の中に潜入することになりました。非常に危険な任務であることは言うまでもありません。不運にも、ジャベール警部はスパイであることが露見し、革命派のメンバーから殺害されそうになります。ところがそのとき、バルジャンが彼の命を助け、秘密裏に逃がしてやりました。この出来事もまた、ジャベール警部にとって、極めて大きな衝撃でした。バルジャンが邪悪な心を持った犯罪者である、という彼の先入見は、徐々に揺らぎ始めるのです。

その後、バルジャンとジャベール警部は再び対峙します。ところが、ジャベール警部はもはやバルジャンを逮捕しようとはせず、そのまま見逃してしまうのです。彼は、もはやバルジャンを疑い続けることができなくなり、彼が正しい道を追求する聖人であることを、認めざるをえなくなったのです。

この物語が示しているのは、「正しい生き方」というものが、決して社会のルールに単に従うことではなく、その都度、自分で判断しなければならないものである、ということに他ならないでしょう。

反逆の暴力性

バルジャンが巻き込まれていったフランス革命は、歴史的にも、ヨーロッパのルールに大きな変更をもたらした出来事でした。

当時、フランスでは王政が敷かれており、人々の間には身分の格差が厳然と存在していました。国民は貧困で苦しんでいるのに、貴族は税金を巻き上げて贅沢《ぜいたく》な生活ができる――そうしたことが当たり前のように行われていたのです。しかし、それが当時の社会のルールであり、正義だと見なされていました。革命は、こうしたルールに対する反逆として引き起こされたのです。

しばしば、フランス革命はヨーロッパにおける「近代」の始まりを告げる象徴的な出来事として捉えられます。それは、この革命が単に王政の解体を引き起こしたからだけではなく、普遍的な人権の概念を掲げ、「人間は生まれながらに平等である」という思想を広めることになったからです。このような考え方は、それまで決して当たり前のものではなく、むしろ正義に反する思想でした。人間は生まれながらに不平等であり、貧民と貴族の間に格差がある――そうした考え方を、フランス革命は根本からひっくり返したのです。当然のことながら、それによってもたらされた人権や平等といった概念は、今日の私たちの社会でも重視されています。

この意味において、フランス革命は反逆によってルールの変更を実現させた、一つの例であると言えるでしょう。しかし、注意しなければならないのは、それが必ずしも喜ばしいことばかりをもたらしたわけではない、ということです。

フランス革命を成功させた国民たちは、革命に賛同しない者たちを摘発し、あろうことか、司法を介することなく虐殺していきました。牢獄《ろうごく》が民衆によって襲撃され、囚人のほとんどが殺されるという事件も起きました。また、貴族を捕まえて残虐な形で殺し、身体を切断してさらしものにする、という事態も起きました。こうした目も覆いたくなるような残酷な出来事が、次々と引き起こされていったのです。こんにち、「テロ」と呼ばれている概念は、もともとフランス革命の後に出現した、こうした「恐怖政治」を指す言葉でした。

ここには、ルールを変更するということの困難さが証明されています。前述の通り、その変更の正当性を、ルールそのもので説明することはできません。ルールの変更が成し遂げられるとき、その過渡期においては、「何をやっても許される」という無秩序な状態が出現してしまうのです。

既存のルールに怒りを抱き、そのルールに反逆することを決めた人は、文字通り、どんなに恐ろしいことにも手を染めることができます。フランス革命のあとの残酷な事件の数々は、そうした暴走の結果である、と考えることができるのではないでしょうか。

そうであるとしたら、こうした暴走に陥らずにルールを変更するには、どうしたらよいのでしょうか。もしも、「正しい」反逆があるとしたら、それはどのようなものなのでしょうか。

複数性と全体主義

『レ・ミゼラブル』が描き出すように、ルールを変えるために戦うことは、人々に多大な犠牲を強いることになります。それは、一時的に世の中に大きな混乱を招くことになるからです。それでもルールを変えなければならないときがあるからこそ、人々は立ち上がるわけです。しかし、それならみんなが一つのルールに適応してしまった方が、いろいろと楽なのではないでしょうか。そうすれば、社会に混乱も起こらないし、戦いが起こることもありません。なぜ、世の中はそうならないのでしょうか。

このような考え方に異を唱えた人物がいます。ドイツ出身で、アメリカで活躍した政治思想家である、ハンナ・アーレントです。

もしもすべての人が一つのルールに適応してしまったら、世の中はどうなるのでしょうか。アーレントによれば、そこでは誰もが同じように考え、同じように行動し、同じような生き方をする世界になってしまいます。多様性は失われ、社会は画一的になってしまうのです。彼女はそれを、すべての人々が「一人の人間」になってしまう、という事態として説明しています。

しかし、事実として、このような世界は決して成立しません。なぜなら、人間は誰もが異なる存在であり、この世界に一人として同じ人間は存在しないからです。アーレントは、そのようにこの世界に存在する人間が多様であるという性質を、「複数性」と呼んでいます。

人間は、複数性をもつからこそ、かけがえのない存在であり、他者には置き換えることのできない個性を持っています。それは同時に、人間は誰もが前例のない存在であるということ、つまりこの世界に初めて生まれてきた存在である、ということでもあるのです。

ここからアーレントは、人間がこの世界に生まれてくるということを、世界に新しい始まりをもたらす出来事として説明しています。「私」とまったく同じように考え、行動し、生きる人間は、この地球上において、ただ一人として存在しません。だからこそ、ることもできるのです。

「私」には、これまでの人々が誰も想像しなかったことを、誰も考えもせず、行動することもなかったことを、新しく始めることができるのです。

人間が複数性をもっている、ということは、この世界では誰もが新しく何かを始めることができる、ということです。だからこそ、私たちには社会のルールを変更することができるし、また新しいルールを作り出すこともできます。それが、アーレントの考える人間の条件なのです。

それに対して、ルールの変更を認めず、すべての人々を一つのルールで縛ろうとすることは、こうした人間の複数性の否定に他なりません。そのように画一化された世界で、人間は個性を奪われ、誰とでも交換可能な存在へと貶《おとし》められてしまいます。ルールに反逆しようとする人は、その存在を否定されてしまうのです。

アーレントは、このように、一つのルールで人間を支配しようとする社会のあり方を、「全体主義」と呼びます。その事例として彼女によって挙げられるのが、第二次世界大戦中のドイツです。当時のドイツでは、ナチスと呼ばれる独裁政権が国を支配しており、国家を批判する人は強制収容所に連れていかれ、虐殺されました。そこでは、国民には国家が正しいと認めるただ一つのルールだけが押し付けられ、人々の複数性、意見の多様性が踏みにじられていたのです。

正しく反逆するために

一つのルールですべての人間を納得させることなんてできない。もしもそれができたら、人間は一つのルールでカバーできてしまうような、単一の存在になってしまう。それに対して、人間には複数性が備わっていて、誰もが他者と異なる存在であり、今まで考えられなかったような新しいことを始めることができる。私たちには、どんなときでも、既存のルールに異を唱え、それを刷新することができる。だから、人間はルールに反逆する――アーレントはそのように考えました。

もちろん、ルールへの反逆を一人で行うことはできません。フランス革命がそうであったように、そのためには多くの人々が力を合わせ、一緒に行動しなければならないのです。アーレントは、そうした人間の複数性に基づく行動を「活動」と呼びました。活動が複数性に根差すからこそ、それは、新しく何かを始めることを意味します。そしてそうした活動に携わっているとき、私たちは、他の誰とも交換不可能な人間として、かけがえのない個人として、自らの姿を現すのです。しかし、そうであるからこそ、活動は常に予測不可能な営みでもあります。なぜなら、それに参加する人間は、誰もが前例のない存在だからであり、そこで起こることもまた、前例のない出来事の連続になるからです。そのため活動はそもそもコントロールが困難なものでもあるのです。

したがって、多くの場合、反逆は当初の予想とまったく異なる帰結を迎えることになります。フランス革命が起こる前、革命を計画していた人々は、その最中で残虐な事件の数々が起きるとは、思いもしなかったのではないでしょうか。しかし、一度革命が始まってしまったら、その行く末を意のままに操ることなど、誰にもできません。革命がどんな顛末《てんまつ》を辿《たど》るかを予測できた人など、一人として存在しなかったはずです。

だから、活動は常に、「こんなはずではなかった」ということの連続になります。それは失敗に終わるかもしれませんし、そうでなくても、多くの犠牲をもたらすかもしれません。アーレントは、全体主義の脅威に対して、活動の重要性を訴えました。ただし彼女は、ただそれを楽観視していたのではありません。活動は、人間の自由を守る最後の砦《とりで》でありながらも、まさにユーゴーが「悲惨な人々（レ・ミゼラブル）」と呼んだような、不幸に見舞われる人々を作り出してしまうかもしれないのです。

しかし、だからといって、私たちには何もできないわけではありません。アーレントは、活動が予測不可能であるからこそ、特別に重要になる要素があると言います。それは、「約束」です。

約束などというと、何を生ぬるいことを言っているのだ、と思われるかもしれません。仲間に約束したことなんかよりも、社会で正義とされるルールの方が、優先順位が高いように思われるかもしれません。

しかし、アーレントはそうは考えません。なぜなら、他者に約束することだけが、人々の活動が新しい出来事を引き起こしていく中で、その予測不可能性を制御する力を持つからです。もちろんその力は万能ではありません。約束したところで、それが破られることもあるでしょう。しかし、約束することなしに、活動を望ましい方向へと導くための、道筋を構想することはできません。だからこそ、約束を交わすこと、そして約束を守ることは、特別な重要性をもつのです。

そうであるとしたら、約束を守ることは、社会のなかの正義よりも、ずっと大切だと考えることさえできるかもしれません。なぜなら社会の正義は変わりうるからです。正義が変更され、不安定になるとき、活動が暴走しないために、約束は必要不可欠なのです。あるいはこう言ってもいいかもしれません。約束は、社会の正義を変えることを、既存のルールに反逆することを、望ましい仕方で実現するための、欠かすことのできない条件だと。だから私たちは、他者との約束を特別に尊重しなければならない、と。

「悲惨な人々」を生まないために

話をまとめてみましょう。私たちは、ルールによって道徳的な正しさを判断していますが、そのルールは常に刷新されうるものです。しかし、ルールを刷新するとき、つまり既存のルールに反逆するとき、私たちはどんなルールによっても正当化されえない、ある種の無秩序な状態に陥ります。それは、一歩間違えれば、恐ろしい暴力を引き起こすことにもなりかねません。

そうした中で、活動をコントロールする唯一の手段は、他者と約束を交わすことであり、その約束を守り抜くことです。ルールに反逆しているとき、私たちが従うことができるのは、仲間と交わした約束以外に何もありません。

だからこそ、約束を破ることは、許されない行為なのです。それは、単に仲間を欺くことになるからではありません。その活動そのものを無秩序にし、恐ろしい暴力へとエスカレートさせかねないからです。もしかしたらその暴力は、約束を破った自分自身に、跳ね返ってくるかもしれません。

私たちは、どんなことであれ、他者との約束を守るべきです。ただしそれは、「約束を守るべきだ」という既存のルールとして理解されるべきではありません。約束を守ることは、そうしたルールの刷新を健全に行うために、「悲惨な人々」が生まれることを避けながら、自分たちが納得できるルールを自分たちで作り上げていくために、必要となる最低限の条件なのです。

おわりに

悪いことは楽しい、でもそれはなぜなのか——それを問い直すことから、倫理学を眺めることが、この本の主題でした。

普通の本であれば、正しいこと、よいことを中心にして、倫理学が解説されます。それに対してこの本は、悪いことを入口にして倫理学の世界を紹介しました。もちろん、どちらが優れているということはありません。

もし、この本をきっかけに、あなたがさらに倫理学の世界に興味を持ったなら、ぜひ、正しいこと、よいことを中心に描かれた本も読んでみてください。この本が倫理学の裏側を描いているとしたら、そうした本からは、表側を学ぶことができるはずです。そしてそれは、倫理学の理解をさらに深めてくれるでしょう。なんであれ、物事を深く知るためには、表と裏を知らなければならないものです。

ただ、今さらのことではありますが、私には少し心配していることがあります。それは、私たちが犯してしまう悪いことを、あまりにもたくさん、さまざまな観点から書いてしまったので、あなたが思い出さなくてもよい自分の悪事を思い出したり、いわゆる「黒歴史」を掘り返されたりして、苦しんでいるのではないか、ということです。

最後に、自分が犯してしまう悪いことに対する向き合い方について、いくつかアドバイスをして、この本を終えたいと思います。

一つ目は、悪いことをしたとき、自分がなぜそうしたのかを、問い直してほしい、ということです。あなたが何かの行為をして、その行為が周囲から悪いことだと非難されると、私たちはつい自分を責めて、自分が本当は何を望んでいたのか、わからなくなってしまいます。もちろん、あなたは反省するべきかもしれません。しかし、反省するということは、自分がなぜその行為をしたのかを、改めて考え直すということを意味するのです。

あのとき、自分はなぜ、あんな行為をしたのか——人生の折に触れて、自分の過去をそう問い返してみることが大切です。なぜなら、時間が経過することによってしか、自分の気持ちがわからないこともあるからです。いまこの瞬間にはわからないことが、何年も、何十年も経《た》ってみると、はじめて理解できるようになる。そんなことはよくあることなのです。「ああ、自分はあのとき、本当はこうしたいと思っていたんだ」というふうに。

二つ目は、悪いことをしたとき、なぜそれが悪いことだと評価されるのかを、問い直してほしい、ということです。それが大切である理由は、この本を読んできたあなたなら、きっとよくわかると思います。ある行為を悪いと評価する基準は、一般的に思われているほど、単純でも、明確であるわけでもありません。同じ行為が、ある基準では悪いことだけれど、別の基準ではそうではない、ということは、往々にして起こりえるのです。

だから、周りの人から「それは悪いことだ」と批判されても、それをただ信じ込むことはやめましょう。なぜそれが悪いことであるのか、その根拠を問い直しましょう。おそらく、それが悪い行為であるか否かを決める基準は複数あります。だからあなたはその基準をそれぞれ比較して、一番望ましいと思える基準で、自分の行為を評価するべきです。そして、もしもあなたが、自分の行動は本当に正しいと信じるなら、どれだけ周囲から悪いことだと評価されるのだとしても、決して屈しないでください。大切なのは、あなたが心から納得できるかどうかなのです。

最後のアドバイスです。あなたが明らかに悪いことをしたとしましょう。どのようにそのときのことを思い出しても、どのような基準で考えても、その結論を覆せないとしましょう。そして、あなたはそのことを後悔するとしましょう。

そのとき、あなたにできることは一つしかありません。それは、同じことを二度と繰り返さないことです。やってしまったことを思い出して、自分を責め続けることは、問題の解決にはなりません。どんなに後悔しても、やってしまった悪いことが、悪くなかったことにはならない。あなたは前を向くべきなのです。過去を振り返って立ち止まるのではなく、これからどう生きるべきかを考えるべきなのです。

私たちは不完全です。同じような失敗ばかり繰り返します。ときには、自分の愚かさに怒りを覚えることもあるかもしれません。まったく別の人生を最初からやり直すしかないように思うこともあるかもしれません。

しかし、そういう自分を変えられないわけではありません。少しずつではあるかもしれませんが、自分の進むべき道に、歩みを向かわせることはできるでしょう。自分がなりたいと思っている自分に、近づいていくことはできるでしょう。

この本が、そのための道しるべになったら、著者としてこれ以上の喜びはありません。

二〇二四年三月　戸谷洋志

chikuma primer shinsho

ちくまプリマー新書 459

悪《わる》いことはなぜ楽《たの》しいのか

二〇二四年六月十日　初版第一刷発行
二〇二四年九月五日　初版第二刷発行

著者　戸谷洋志（とや・ひろし）

装幀　クラフト・エヴィング商會

発行者　増田健史

発行所　株式会社筑摩書房
東京都台東区蔵前二-五-三　〒一一一-八七五五
電話番号　〇三-五六八七-二六〇一（代表）

印刷・製本　株式会社精興社

ISBN978-4-480-68488-2 C0212　Printed in Japan